HOW TO UNSPOIL YOUR CHILD FAST

Copyright ⓒ Richard Bromfield
All Rights Reserved.

Korean translation copyrights ⓒ 2012 by RHK Co., Ltd.
Korean translation rights arranged with The Fielding Agency
through EYA(Eric Yang Agency)

이 책의 한국어판 저작권은 EYA(Eric Yang Agency)를 통한 저작권사와의
독점 계약으로 한국어 판권을 '㈜알에이치코리아'가 소유합니다.
저작권법에 의하여 한국 내에서 보호를 받는 저작물이므로 무단전재와 복제를 금합니다.

2세부터 12세까지

우리아이 버릇코칭

리처드 브롬필드 지음 | 이주혜 옮김

알에이치코리아

차례

감사의 말 • 7

서문 • 9

1. 인정하라 • 16

2. 전념하라 • 24

3. 공정한 게임을 펼치게 하라 • 30

4. 터무니없는 일은 중단하라 • 37

5. 아이의 관심을 붙들어라 • 49

6. 충격과 공포를 안겨라 • 55

7. 충격을 유지하라 • 62

8. 아프게 양육하라 • 68

9. 마침표를 찍어라 • 76

10. 훈육을 행사하라 • 85

11. 더 이상 자신을 해명하지 말라 • 93

12. 권력을 회수하라 • 101

13. 맹점을 극복하라 • 107

14. 입장을 고수하라 • 117

15. 자연스러운 결과를 맞게 하라 • 125

16. 거래를 거부하라 • 133

17. 적게 사라 • 141

18. 진정한 승자로 키워라 • 152

19. 일을 시켜라 • 158

20. 공공장소에서 버릇을 잡아라 • 166

21. 부모 자신의 버릇을 잡아라 • 174

22. 자급자족을 장려하라 • 182

23. 개선의 여지를 만들어라 • 191

24. 협력하라 • 200

25. 감사하는 마음을 주고받아라 • 207

26. 부모의 권리를 주장하라 • 213

27. 박수갈채를 받아라 • 218

이 책의 초고를 읽고 조언해준 로셸 샤프에게 감사드린다. 내 생각을 다른 나라의 부모들에게 전할 수 있게 해준 휘트니 리에게도 고마움을 전한다. 무엇보다 편집에 대한 열정과 지혜로 이 책을 만들어준 샤나 드레에게 감사의 말을 하고 싶다.

요즘 아이들은 폭군이다.
부모에게 대들고 음식을 게걸스럽게 먹으며
스승을 괴롭힌다.

_소크라테스

'버릇 망치기'와 '버릇 잡기' 중 무엇을 선택할 것인가?

우리 아이들은 제멋대로이고 버릇도 없을까?

수치로 확인해보자. 아메리칸온라인AOL과 가정 잡지 〈쿠키〉가 실시한 2007년 표본 조사에 따르면 94퍼센트의 부모들이 자신의 자녀가 버릇이 없다고 대답했다. 이는 1991년 〈타임〉과 CNN의 설문 조사 결과 나타난 80퍼센트보다 높은 수치다. 이 정도 비율도 꽤 높아 보이지만 내겐 이런 질문이 떠오른다. 그렇다면 나머지 6퍼센트의 부모는 누구인가? 지금 농담하고 있는 건가?

여러분이 자녀의 청소년기에 대해 생각하기에는 아직 여러 해가 남았을지 모르지만, 정신이 바짝 나게 하는 다음 통계 수치를 살펴보자. 슈바프 재단의 조사에 따르면, 십대의 31퍼센트가 평균 230달러의 빚을 지고 있으며, 14퍼센트는 1000달러 이상의 빚을 지고 있다! 그중 절

반 정도가 빚을 갚을 수나 있을지 모르겠다고 우려하는 게 과연 놀라운 일일까? 미국에서 가장 부유한 상위 1퍼센트의 계층을 표본으로 한 또 다른 조사에서는 57퍼센트의 부모가 자녀에게 돈의 가치와 돈을 벌기 위해 일하는 법을 가르쳐주는 데 실패했다고 느꼈다. 더불어 뉴아메리칸드림 센터의 조사에서는 대다수 부모(87퍼센트)가 현대 사회의 소비주의 때문에 자녀에게 좋은 가치관을 심어주는 것이 훨씬 힘들어졌다고 대답했다. 아동과 청소년을 겨냥한 광고비가 거의 200억 달러—자그마치 200억 달러!—에 육박하고 있으며 광고 대상이 점점 어려져 심지어 유아까지 내려가고 있는 현실을 생각하면 부모들이 두려움을 품는 것도 무리는 아니다.

수치는 거짓말을 하지 않는다. 특정 이익 집단의 마구잡이식 의견이나 선전으로 무시하고 넘겨버리기에는 너무 심각하다. 미국이나 대부분의 다른 산업 국가에 만연한 지나친 관대함은 이른바 '기회가 균등한 질병'이다. 요컨대 인종이나 종교, 정치에 관계없이 부유층이나 중산층이나 빈곤층 모두에게 고루 걸린다.

그러나 위의 통계 수치는 모든 아이들에 관한 것이다. 그렇다면 실제 현실 속 아이들에 관해 이야기해보기로 하자. 예를 들면, 여섯 살 게이브 같은 아이들 말이다. 아직 어린 게이브는 벌써 플레이모빌 카탈로

그에 등장하는 모든 세트를 구비하겠다는 야심찬 목표를 갖고 있다. 지난번 내가 듣기로는 값비싼 플레이모빌 수집가용 세트를 사기 위해 '자기' 돈 200달러를 모았다. 그 애는 지금 생각보다 빨리 목표를 이룰 거라는 기대에 들떠 있다.

똑똑한 유치원생인 캘리는 이런저런 요구와 심한 고집 때문에 제 부모를 꼼짝 못하게 하고 있다. 지적인 캘리의 부모는 귀여운 딸의 변덕과 소망에 끝없이 굴복하고 굽실대며 하루하루를 힘겹게 보낸다.

열한 살 아샨티는 첫 출시된 디자이너 브랜드 옷만 입는다. 하지만 힘든 일을 하는 아샨티의 엄마는 출근용 옷도 할인매장과 직판장에서 구입한다. 아샨티는 의상을 머리부터 발끝까지 한 벌의 개념으로 생각하기 때문에 옷에 맞는 신발과 액세서리, 심지어 화장품까지 '필수품'으로 여기고 잦은 쇼핑에 탐닉한다.

네 살 클라크는 몸도 튼튼하고 건강한 활동적인 아이다. 하지만 언제 어디서나 엄마에게 안기려 한다. 엄마가 할 일이 있거나 팔이 아파 내려놓으려 하면 마치 땅바닥에 뜨거운 숯덩이라도 깔려 있는 것처럼 비명을 질러댄다. 여러모로 엄마는 클라크를 여전히 아기처럼 취급한다.

마지막으로, 초등학교 3학년인 데빈도 결코 뒤지지 않는다. 데빈은 모든 일에 일일이 간섭을 한다. 부모가 내리는 결정에 마치 자문위원이라도 되는 양 끼어든다. 엄마가 구입할 노트북, 아빠가 구입할 자동차의 옵션, 가족이 외식할 식당, 가족과 함께 볼 영화, 부모의 운전 경로에까지 모두 관여한다.

지난 30년 동안 아동 및 그들 가족을 상대한 심리학자로서 나는 버릇없는 아이들의 스트레스와 불행, 괴로움, 불편에 대해 수없이 듣고 또 관찰해왔다. 그런데 지나친 관대함의 낙진이 표면을 덮거나 장악하기 시작해 아이들이 끊임없이 불행해하고 만족할 줄 모르는 사람으로 성장하거나 함께 살기 불가능할 정도가 되었을 때 나를 찾아오는 이들이 많았다. 나는 지나치게 응석을 받아주며 키운 지 수년, 심지어 십 몇 년이 흐른 뒤의 풍경 속으로 들어가보기도 했다. 부모들은 어른이 되는 데 따른 시련과 임무를 감당하지 못한 채 불만으로 가득한 십대 자녀를 내게 소개하곤 한다. 그럴 때마다 나는 아이와 그 가족의 문제가 무엇이든 부모가 지나치게 관대한 양육 태도를 바로잡을 때 모든 걸 개선할 수 있다는 사실을 깨닫곤 한다.

이 책을 쓰게 된 것은 한 가지 간단하고 분명한 사명 때문이다. 부모가 버릇없는 자녀의 버릇을 바로잡을 수 있도록 돕고 싶었다. 이 책은 지나치게 응석받이로 자란 청소년 자녀의 성격을 개선하는 데 도움을 줄 수 있다. 하지만 정확한 대상은 두 살에서 열두 살 사이의 어린 자녀를 둔 부모다. 내 방법론은 30년 넘게 임상 경험을 하는 동안 자녀를 만족스럽고 행복하고 충실한 아이로 양육하는 일에 관해 부모들이 가르쳐준 것들을 바탕으로 하고 있다. 자신의 양육 방식을 쳇바퀴 돌 듯 반복한다면 아무런 도움도 되지 않을 것이다. 그러느니 차라리 다른 부모들의 실수와 시행착오를 통해 배워라. 그러면 훨씬 많은 교훈을 얻을 수 있을 것이다.

그러나 우리 모두가 알다시피 이미 양육과 훈육, 도덕적 인성을 갖춘 아이로 기르는 법에 대해 이야기하는 좋은 책들이 많이 나와 있다. 그런데 왜 또 다른 책이 필요하며, 왜 굳이 이 책이어야 한단 말인가?

양육에 관한 전통적인 책들은 길고 어렵다. 핵심 내용이 담긴 마지막 장에 도달하려면 배경 설명과 이론에 관한 여러 개의 장을 읽어야 한다. 아이를 키워본 부모로서 나 역시 그런 피로와 혼란, 짜증을 경험했다. 어린 아이를 키우는 부모는 지나친 일과 업무에 시달리고 있다. 내가 아는 대다수 '한 부모'는 훨씬 더 많은 일과 업무로 고생하고 있다. 이런 종류의 책이 반드시 필요한 부모는 정작 그럴 만한 시간과 에너지, 집중력이 거의 없다.

그런 이유로 중요한 내용을 빠르고 쉽게 읽을 수 있는 형식의 책을 꼭 쓰고 싶었다. 이 책에 담긴 전략은 명확하고 실행 가능하다. 아이와 부모에 관한 구체적이고 심도 깊은 이해를 바탕으로 하고 있기 때문이다. 기법의 효과는 빠르지만 패스트푸드 형태의 양육을 제안하는 것은 결코 아니다. 여기서 내가 소개하는 기법은 가정생활을 개선할 뿐만 아니라 아이들의 내면을 변화시켜 오늘과 내일의 삶을 헤쳐 나가는 길에 능력과 기술, 탄력을 키워줄 수 있다.

이 책은 총 스물일곱 개의 장으로 구성되어 있다. 각 장은 아이들의 태도와 행동에 대해 부모가 '버릇 잡기'를 할 수 있는 방법을 단계적으로 설명한다. 요점을 생생하고 명백하게 전달하기 위해 짧은 일화, 사례 연구, 좋은 생각을 하나씩 중점적으로 다룬다. 또 각 장 끝부분에서는 요점을 실생활과 실질적인 버릇 잡기에 활용할 수 있도록 도움말과 전략을 소개한다.

한편, 이 책의 전반부에서는 가족과 가정 안에서 부모의 자리를 빨리 회복하고 확장시키는 방법에 대해 주로 다룬다. 후반부에서는 훈육과 공공장소에서 버릇 잡기, 부모 자신의 버릇 잡기 등의 과정에서 발생할 수 있는 보편적인 문제를 다룬다.

모쪼록 이 책을 읽고 부모가 자신의 힘을 깨닫게 되기를 바란다. 그리하여 자신의 양육 태도를 버릇 망치기에서 버릇 잡기로 바꾸기를 진심으로 바라고 또 믿는다.

옛말 그대로 예방은 치료보다 중요하다. 소수의 운 좋은 부모들은 힘든 길로 빠지기 전에 이 책을 읽을 수 있을 것이다. 이런 부모는 근원을 더듬어 올라가 잘못을 바로잡을 일이 거의 없다. 이 책이 그들에게 건설적인 방향을 일러주는 길잡이 역할을 해줄 것이기 때문이다.

좋은 소식은 이미 버릇을 망치는 일상으로 미끄러져 들어간 대다수 부모도 상황을 바로잡을 시간이 충분하다는 것이다. 아직 늦지 않았다. 책을 읽고 오늘부터 이 기법들을 활용하라. 어느새 아이도 가족도 한때 꿈꿔온 모습에 한층 가까워져 있을 것이다. 그리고 거울을 들여다보면, 자신이 되고 싶었던 부모의 모습과 한결 비슷해진 자신을 발견하게 될 것이다.

1
인정하라

전문가의 조언이 담긴 7000권의 책을 읽어봐도 대다수 아버지 그리고 어머니에게
아이를 훈육하는 올바른 방법은 여전히 수수께끼다.
그걸 아는 사람은 오직 우리네 할머니와 칭기즈칸뿐이다.

빌 코스비 Bill Cosby

다음에 열거하는 모습이 혹시 익숙한가? 아이는 끊임없이 우는 소리를 하고 졸라대고 불평한다. 쇼핑몰에서 비명을 질러대고, 식당에서 악을 쓰고, 집에서는 뭔가 못마땅하면 바라는 대로 될 때까지 얼굴이 파랗게 질리도록 숨을 참는다. 부모가 해주는 것에 조금도 고마워하지 않고 당연히 여기며 심지어 더 해달라고 요구하기까지 한다.

"최근 엄마(아빠)가 나한테 해준 게 뭐야?"

마치 주문처럼 이렇게 말한다. 부모가 아무리 많은 것을 해줘도 아이는 불과 몇 분 전 혹은 몇 시간 전에 해주지 않은 것만 생각한다. 아주 사소한 좌절에도 엄마 아빠가 나쁘다고, 자기를 사랑하지 않는 게 분명하다고 말한다. 부모는 아이를 위해 거의 모든 것을 하지만 아이는 뭐든 되돌려주는 것을 엄청나게 싫어한다. 아이에게서 조금의 협력이라도 얻어내려면 전쟁을 치러야 할 정도다.

부모의 말이나 지시만으로는 아이의 순종을 이끌어낼 수 없다. 부모는 몇 번이고 반복해서 설명해야 하지만 아이는 마치 꼬마 변호사라도 되는 양 자기 주장을 펼치고 부모를 향해 부당하다는 비난을 퍼붓는다. 그 결과 결국 참지 못한 부모는 무릎을 꿇고 장난감을 하나 더 사주거나 취침 시간을 좀 더 미뤄주거나 제한 사항을 한 가지 더 포기하게 된다.

이런 일을 모두 혹은 일부 겪으며 사는 부모라면 그 자녀의 버릇을 이미 망쳤을지도 모른다. 그러나 이런 내 말도 신용카드가 하나 더 있으면 좋겠다는 말처럼 흔하게 들릴 것이다. 어쩌면 이 같은 자신의 모습을 벌써 몇 달 전부터 혹은 몇 년 전부터 알고 있었는지도 모르겠다. 그동안 어떻게 살아왔는지, 가정에서의 생활은 어땠는지 다른 누구보다 자신이 더 잘 알고 있기 때문이다. 그러나 운이 나빠서 그리고 온갖 이유 때문에 문제를 고치지 못했을 뿐이라고 생각할지도 모른다.

한 가지는 확실하다. 이 문제에 관해 아무 일도 못하는 것은 부모로서 사랑과 보살핌이 부족해서가 아니라는 점이다. 아이의 버릇없는 행동이 부모에게 중요한 것은 부모 자신이 그로 인해 스트레스를 받고 괴롭기 때문만은 아니다. 아이가 좌절감을 안기고 지치게 만드는 만큼 부모는 아이의 독재 아래 살아가는 어려움을 훨씬 뛰어넘는 다른 것을 걱정한다.

부모가 두려워하는 것은 응석받이로 자란 아이가 맞이할 결과다. 부모는 아이의 버릇없음이 가정에서뿐 아니라 놀이터와 학교에서 아이의 행복에 어떤 영향을 미칠지 걱정한다. 버릇없는 아이는 성인기의 여러 제한과 역경, 책임을 제대로 감당하지 못하는 버릇없는 어른으로 자랄 수 있다는 것을 알기에 부모는 아이의 미래를 두려워한다. 부모는 지나치게 응석받이로 자란 아이가 불안과 우울, 걱정스러운 인간관계에 빠질 가능성이 높다는 것을 알고 있다. 또 버릇없는 아이가 살면서 겪게 될 질타와 모욕에 맞서 자신을 방어하지 못하는, 지나치게 민감한 피부를 '물려받을' 위험이 있다는 것도 인정한다. 그러나 이는 혼자만의 걱정거리가 아니라 지극히 보편적인 현상이다.

부모도 조부모도 교육자와 성직자, 정신건강 전문가도 아이들에게 사랑과 훈육이 모두 필요하다는 데 동의한다. 성공하려면 삶에 대응하는 법을 배워야 한다. 참을성과 겸손도 배워야 한다. 실패에 대처하는 법도, 자신의 실수를 인정하고 진심으로 고치는 법도 배워야 한다. 부모라면 대부분 아이에게 반드시 필요한 이런 배울 거리들을 더 많이 떠올릴 수 있을 것이다.

그러나 당연하게도 건강하고 도덕적인 정신은 난데없이 저절로 생겨나지 않는다. 사랑 하나만으로 실패를 막을 수도 없다. 훈육 없이 자라는 것은 아이에게도 부담을 지운다. 부모의 온화하면서도 단호한 지도가 없다면, 아이는 결코 만족할 줄 모르고 자기 자신을 인간적인 배려와 존중의 법칙을 벗어나 있는 존재로 생각하는 미숙하고 이기적인 불평분자로 자랄 위험이 크다. 이런 아이는 지루하고 진부하며 고된 일과 인내심을 필요로 하는 삶의 수많은 요소를 참아내지 못한다. 최악의 경우, 시키는 대로 따르거나 규칙을 지킬 필요성을 느끼지 못하는 아이들은 약물 남용이나 범죄 등 더 심각한 문제에 빠져들 수도 있다. 그리 놀라운 이야기는 아니겠지만, 많은 부모가 지나친 관대함 때문에 아이들이 주어진 책임에 더욱 불안해하거나 분노하는 등 다른 의도하지 않은 결과가 생길 수도 있다는 사실을 알지 못한다.

내가 설명하고자 하는 접근법을 제대로 이해하려면 우선 이전 세대의 아동 전문가들이 펼친 자존감 운동을 잠시 살펴보고 넘어가는 게 좋겠다. 자존감 운동은 부모에게 가차 없는 칭찬과 긍정적 관심을 통해 자녀의 자존감을 적극적으로 쌓으라고 조언했다. 비판과 태만이 자존감의 적이라면 그 반대인 관심과 보상이 해결책이었다.

그리하여 자녀가 좋은 자화상과 자신감을 갖고 자라기를 바라며 이 운동에 적극 뛰어든 부모들은 끊임없이 격려의 말을 건네고 지칠 줄 모르는 칭찬과 아부를 쏟아냈다. 최소한의 노력과 성취에 대해서도 연이은 칭찬과 보상을 주는 등 자신의 임무에—많을수록 좋다—헌신했다. 이렇듯 부모와 전문가는 자신들도 모르는 사이 선의의 협력을 하며 아이들의 삶을 보람 있게 만들기 위해 노력했다.

그러나 오직 미소와 웃음만을 강조한 이런 양육 방식은 부모들이 그토록 피하고 싶어 하던 결과를 양산하고 말았다. 자극과 만족감과 행복 그리고 가장 안타깝게는 목적의식까지 타인과 바깥 세계에 의존하는, 종잇장처럼 얇디얇은 자존감을 지닌 아이들을 키워낸 것이다. 불행하게도 마지막 순간 자식을 잘못 키웠다고 느낀 사람은 바로 부모들 자신이었다.

최선을 다해 양육하는 자신의 모습을 그려보자. 지나치게 응석을 받아주는 것처럼 보이는가, 또는 그 반대인가?

인간이라면 기본적으로 그렇겠지만, 우리는 그저 최선을 다하고 실수를 통해 배우는 수밖에 없다. 오늘날 우리는 강건한 자존감이 끊임없는 아부와 자격 미달 상태에서 받은 상을 통해 형성되지 않는다는 것을 똑똑히 이해하고 있다. 강건한 자존감은 아이가 상실과 좌절, 한계 등을 맞아 스스로 삶에 대처할 수 있다는 것을 알 때, 즉 스스로의 재능을 자각할 때 생겨난다. 아이는 성장하기 위해 경계와 체계가 필요하며, 그런 것들이 없을 때는 스스로 추구하기도 한다.

끊임없이 부모를 괴롭히는 아이는 똑바로 성장하기 위해 필요한 한계선을 찾고 있는 중이라고 할 수 있다. 아이가 지나치게 요구하고 파괴적인 행동을 하는 것은 대체로 부모를 실험하고자 하는 의도를 갖고 있기 때문이다. 즉, 어느 정도로 난폭하게 굴어야 마침내 부모의 건설적인 반응을 불러일으키는지 알아보려는 것이다. 안으로 좀 더 깊이 들어가 보면 아이는 한층 단호한 양육 방식을 원하고 있다. 말로는 응석받이로 키우는 양육을 부르짖고 있을지 몰라도 내면의 자아는 그보다 훨씬 좋은 양육 방식을 원한다. 그리고 이제 우리 부모들은 그런 양육을 실천하고자 한다.

그에 앞서 잠시 다음과 같은 항목을 통해 각 가정에 버릇을 망치는 양육의 징후가 얼마나 나타나고 있는지 점검해보자.

- 자녀가 부모를 무시한다.
- 자녀가 부모를 함부로 대한다.
- 부모가 자녀의 행동을 합리화한다.
- 부모가 어떤 결과에 대한 자녀의 잘못을 면제해준다.
- 부모가 자녀의 허드렛일이나 학교 숙제를 대신해준다.
- 부모가 소리를 지르고 잔소리를 한다.
- 부모가 상처를 입히는 모진 말을 한다.
- 부모가 자녀를 어르고 달래 협력을 이끌어낸다.
- 말뿐인 협박을 한다.
- 자꾸만 부모의 입장을 해명한다.
- 부모가 '안 돼'라고 말하지 못한다.
- 부모가 자녀의 기분을 상하게 할까봐 두려워한다.
- 자신이 끔찍한 부모라는 생각이 든다.
- 스스로 되고 싶은 부모의 모습을 이따금 잊어버린다.

자녀의 버릇을 잡을 준비가 되었다면, 몇 가지 빠른 방법을 시도해볼 만하다. 먼저 사회 비평가가 되어보자.

이를테면 쇼핑몰이나 공원에 가서 눈에 들어오는 양육 행태를 비판하거나 혹은 칭찬하는 것이다. 또한 가정에서 지나친 관대함을 거부하는 자신의 양육 방식이 어떤 모습일지, 어떤 기분일지 그려보자. 미래에 대해 희망을 갖자.

누군가가 내 양육 방법 혹은 자녀에 대해 비판하려 한다면 그 말을 자르고 이렇게 말해보자. "저 역시 그렇게 하고 싶던 참이에요."

2
전념하라

대화의 기술이 필요 없다고 생각하는 사람은 아이에게 그만 자러 가라고 말해야 한다.

로버트 갤러거 Robert Gallagher

과거에는 이렇지 않았다.

  내 친구들과 내가 어렸을 시절에는 학교에서 집으로 돌아올 때나 심부름을 할 때마다 부모님이 간식을 사주지 않았다. 우리가 아무리 투덜거려도 부모님은 우리가 굶어죽지 않는다는 것을 알고 계셨다. 드문 일이었지만 어쩌다 외식이라도 하게 되면 부모님은 우리가 고를 수 있는 메뉴를 한정했다. 부모님은 우리가 친구 집에서 재미있게 놀다 왔는지 걱정하지 않았고, 야구장에서 만족스러운 시간을 보냈는지 일일이 캐묻지도 않았다. 내 친구들과 나는 용돈을 차곡차곡 모아 나중에 갖고 싶은 것—스케이트, 야구 글러브, 스테레오, 앨범, 심지어는 옷까지—이 생기면 부모님에게 사달라고 하지 않고 직접 구입했다. 부모님은 운전사를 제2의 직업으로 삼지도 않았다. 자식들이 시내에 나갈 일이 생기면 걷거나 자전거를 타게 했고, 열두 살이 되면 버스와 지하철을 이용하게 했다.

우리는 뭔가를 달라고 조르거나 간청한 적이 거의 없다. 그래봐야 소용없다는 걸 알고 있었기 때문이다. 잡을 다람쥐도 없는데 무엇 하러 나무 위로 올라가겠는가? 청소년이 되었을 때에는 맡은 일에 대한 책임감과 성공과 재미를 모두 우리 자신의 것으로 생각했다. 부모님에게 뭔가를 얻어내기 위해 작전을 짜는 대신 어떤 일을 어떻게 해야 원하는 것을 사는 데 필요한 돈을 벌 수 있을까 궁리했다.

기분이 좋고 자유로운 느낌이 들었다. 그리고 현명한 소비자로 자랐다. 아이들은 제 손으로 땀 흘려 돈을 벌 때 더 천천히 쓰는 법을 배운다. 우리는 적으나마 받은 것에 감사했다. 잔디를 깎거나 울타리에 페인트를 칠하는 등 돈을 벌 수 있는 기회에 감사했으며 우리가 번 돈으로 뭔가를 살 수 있다는 것에 감사했다.

당시에는 광고가 지금처럼 우리를 장악하고 있지 않았다. 선택 범위도 오늘날에 비하면 극히 적었다. 예를 들면 부모가 자식에게 운동화를 사줄 때 선택 사항이라고 해봐야 고작 흰색 아니면 검은색뿐이었다. 존스네를 따라잡아야 한다는 압박감은 다루기도 쉬웠을 뿐만 아니라 가끔은 '안 돼'라고 말할 수 있는 상태를 유지하도록 지지하는 힘이기도 했다. 많은 부모가 자녀의 응석을 편안하게 거절할 수 있었던 것도 바로 그 순간 길 건너 다른 집에서 똑같은 일이 벌어진다는 것을 알고 있었기 때문이다.

생각해보라. 과거의 부모는 대부분 좋은 부모였고 오늘날의 부모는 대부분 그다지 좋지 않은 부모일까? 그럴 리가 없다. 부모는 부모이고 언제나 부모였다. 많은 사람이 사용하는 격언을 인용하자면 "부모는 과거만큼 완벽하지 않으며 결코 완벽하지도 않다." 우리는 시간을 거꾸로 되돌릴 수 없으며, 그러기를 원치 않는 이유도 많을 것이다. 그러나 우리 이전의 양육 역사에서 배울 교훈은 당연히 있지 않을까?

그 교훈이란 무엇인가? 아이는 원하는 모든 것을 갖지 못함으로써 감사에 대해 배운다. 아이는 기다림을 통해 인내를 배운다. 아이는 나누고 베풀면서 너그러움을 배운다. 아이는 자신을 다스리면서 자제력을 배운다. 그리고 무엇보다 언제나 더 많이 더 빨리 요구하도록 훈련받지 않음으로써 만족을 배운다.

우리 모두는 과거의, 우리 시대의, 우리 사회의 산물이다. 어느 정도까지는 50년 전에 어떠했는지 그리고 50년 후 미래는 어떨지가 크게 중요하지 않다. 사실 역사를 돌이켜보면 소크라테스와 고대 그리스인들마저 당시 아이들이 버릇없이 자라는 게 문제라고 불만을 토로했다. 옥스퍼드 대학교가 소장하고 있는 이집트의 한 기록물에는 이런 내용이 있다. 어느 남자애가 혼자 알렉산드리아에 가려는 아빠한테 잔뜩 화를 냈다. 그러곤 라이(수금)를 선물로 사오라며 그러지 않으면 먹지도 마시지도 않겠다고 위협했다는 이야기다. 과거의 부모처럼 우리 역시 지금 이 순간부터 최선을 다하는 것 외에 달리 방법이 없다. 아이 버릇 코칭에 전념하면 아이도 따라올 것이다.

버릇 코칭 프로그램을 시작하려면 아이에 대한 생각부터 과감하게 바꿔야 한다. 예를 들어, 어떤 부모는 아이의 미래가 불안정하기라도 한 것처럼 캠프며 음악 교사며 휴가 등을 철저히 조사한다. 아이를 위해 결정을 내릴 때에는 좀 더 균형 잡힌 방법을 찾아보자.

이 책에서 소개하는 기법을 7일간 중점적으로 실천해보자. 딱 7일이다. 최선을 다해 내가 소개하는 전략을 따라 해보라. 그런 다음 부모와 아이 모두 어디까지 와 있는지 판단해보자. 어떤 상황에서도 아이의 행동을 레모네이드 탓으로, 낮잠이 부족한 탓으로, 혹은 토성이 금성을 지난 탓으로 변명하지 않겠다고 다짐하자. 그러면 아이도 아이의 행동도 좀 더 분명하게 이해될 것이고, 그 모든 게 부모의 양육과 관계있다는 사실을 인정하게 될 것이다. 어떤 일에도 주의를 뺏기거나 단념하지 않고 헌신하라. 볼링 모임도 감기도 야근도 버릇 잡기와 그 기법에 쏠린 부모의 주의력을 흩뜨리지 못할 것이다. 부모의 헌신이 장악력을 갖기 시작할 것이다.

물론 7일이 지나도 할 일은 남아 있을 것이고, 성취할 목표도 있을 것이다. 그러나 버릇 잡기가 어떻게 진행되고 있으며 무엇을 기대해야 하는지 더욱 분명하고 자신 있게 알 수 있을 것이다. 충실하게 그 길을 갈 수 있을 것이다.

그때쯤이면 성공 경험과 통찰력에 힘입어 이 기법과 버릇 잡기를 계속 실천하고 싶을 것이다. 덧붙여 이 책의 다음 내용을 읽을수록 편안하고 자랑스럽고 좀 더 권위 있는 양육법으로 스스로의 방식을 바꿔나 갈 수 있을 것이다.

버릇 코칭 도중 실수할 수도 있음을 알아야 한다. 이때 자책하지 말 것. 다시 원래 궤도로 돌아가면 되니까 말이다.

3

공정한 게임을 펼치게 하라

아이가 동력을 제공하더라도 운전은 부모가 해야 한다.
벤저민 스포크 Benjamin Spock

적어도 아이들이 보기에 버릇을 망치는 부모는 스스로 권위를 잃어버렸다고 말해도 좋을 것이다. 약 50년 전 다이애나 바움린드Diana Baumrind가 한 말은 오늘날에도 여전히 유효하다.

"권위 있는 양육은 감응하기 쉬우면서 동시에 힘들고 벅찬 양육이다(1966년 〈아동 발달〉 학회지에 발표한 고전 〈아동 행동에 대한 권위 있는 통제의 효과Effects of Authoritative Control on Child Behavior〉에서)."

권위 있는 부모는 양질의 필요한 양육과 존중, 칭찬, 긍정 등을 표시할 때조차 뚜렷한 기대치와 단호한 한계를 정한다. 권위 있는 부모는 아이가 어느 사회나 공동체, 가정, 훗날 직장에 소속될 때조차 본연의 모습을 유지하도록, 즉 자기 결정력과 순응 능력을 모두 키워주기 위해 온갖 노력을 기울인다.

바움린드는 권위 있는 양육을 권위주의적 양육, 허용적 양육과 비교

했다. 권위주의적 양육은 그 이름에서 알 수 있듯이 아이의 복종을 가장 중요하게 생각한다. 부모는 아이를 법과 사회, 학교, 가정이 정한 규칙과 규범을 따르는 자녀로 키우는 데 행동과 결정을 집중한다. 비록 규율이 비합리적 또는 전횡적으로 보이거나 실제로 그렇더라도 아이들은 토를 달지 않고 복종하도록 배운다. 이런 아이들이 규칙을 잘 지키는 시민이자 좋은 학생으로 자랄 수도 있다.

하지만 바움린드는 이들이 중요한 면에서 고통 받고 있음을 발견했다. 무엇보다 이들은 불안하고 내성적인 경향이 있었다. 또 자기의 견해와 확신을 믿고 스스로 생각하며 독립적으로 도덕적 선택을 내리는 내면의 힘이 부족했다.

그러나 바움린드는 권위주의적 가정에서 일어나는 일과 비교할 때 허용적 부모 밑에서 자란 아이들이 훨씬 더 심각한 일을 겪기 쉽다는 것을 깨달았다. 지나치게 허용적인 부모의 자녀는 자기감정을 조절하지 못했다. 권위에 도전하고 반항했으며 반사회적 행동을 보였다. 이는 그들이 규칙에 따르지 않으며 상호 배려라는 인간적 원칙보다 자기 자신을 더욱 우선한다는 의미다. 또 한 가지 주목할 점은 이들이 학업이나 대인관계, 업무 등과 관련해 어떤 종류의 도전을 만나든 쉽게 포기하는 경향이 있다는 것이다. 도대체 허용적인 부모가 정확히 무엇을 어떻게 했기에 이런 결과가 나온 것일까? 이에 대해 바움린드는 다음과 같이 설명한다.

허용적인 부모는 아이의 충동과 욕구, 행동에 어떠한 벌도 없이 흔쾌히 수락하는 긍정적인 방식으로 행동하려 한다. 이런 부모는 정책 결정에 대해 아이의 자문을 구하고 가족의 규칙을 설명하고 해명한다. 집안일의 책임이나 질서 있는 행동을 거의 요구하지 않는다. 스스로를 아이가 따라 배울 이상형이 아니라, 아이의 현재 혹은 미래의 행동을 형성하고 변화시킬 책임을 지고 있는 적극적인 대리인이 아니라, 아이가 원할 때마다 쓸 수 있는 자원으로 내놓는다. 아이가 가능한 한 많이 자신의 행동을 조절하도록 허락하고 통제하는 연습은 기피하며, 외적으로 규정된 기준을 따르라고 아이를 격려하지도 않는다. 이런 부모는 자신의 목적을 성취하기 위해 이성과 교묘한 수법을 활용하고자 하지만 드러나게 힘을 쓰지는 않는다.

이미 알고 있겠지만 허용적인 부모가 나쁜 부모라는 뜻은 아니다. 허용적인 부모는 아이를 모든 면에서 행복하고 만족스러운 어른으로 키우기만을 원하는 철저하게 다정하고 애정 깊은 부모다. 권위주의적인 부모가 자녀의 비행을 우려한다면 허용적인 부모는 자녀라는 존재를 어떤 식으로든 제압하거나 상처를 입히거나 낙담시키거나 제한할까봐 걱정한다.

부모는 자녀를 몹시 사랑한다. 그만큼 한층 엄격한 일도 규칙적으로 잘할 수 있는 방법을 배워야 한다. 그 방법을 배운다면 발달에 관한 연구 결과 가장 건전하고 이상적인 양육 태도로 알려진 '권위 있는 부모'가 될 수 있다. 대체로 권위 있는 가정의 아이들이 더 생기 넘치고 더 행복하며 감정적 자기 조절을 잘하고 탄력성이 있으며 사교적인 경향이 있다. 이들은 자기 의지와 사회의 요구 사이에서 균형을 잡으며 살 수 있고 결정을 내리고 어려운 임무에 맞서는 능력에 대해 스스로 자신감을 갖고 있다.

누구나 권위 있는 부모의 양육 방식과 자신이 원하는 이상적 양육 방식이 부합한다고 생각할 것이다. 누군가가 살면서 바라는 게 뭐냐고 묻는다면, 다들 자녀와 아주 잘 지내는 것 말고는 더 이상 바랄 게 없다고 대답할 것이다. 삶의 우선순위를 매겨보라고 하면 어른의 삶을 편안하게 받아들이며 공부하고 일하는 아이로 키우는 것, 고마워할 줄 알고 사려 깊고 자신감 있는 아이로 키우는 것이 최고를 차지할 것이다.

이 책의 양육법은 여러분의 가치관과 어긋날지도 모른다. 하지만 곧 아이와 함께 제 궤도로 올라설 테니 걱정하지 말라.

이 책과 그 안에 담긴 기법은 아이들 버릇 잡기에 초점을 맞추고 있지만, 그 모든 것은 결국 권위 있는 부모가 되자는 이야기다. 어떻게 해야 이런 변화를 빨리 이룰 수 있을까? 우선 공정한 게임을 펼칠 수 있는 환경부터 조성해야 한다.

그게 무슨 뜻일까?

우리 아이들이 교활한 늙은 코치처럼 점점 그리고 은밀하게 경기 조건을 자기 쪽에 유리하게 만들어가고 있다는 뜻이다. 나중에 더 자세히 이야기하겠지만 우리는 어느새 진심 어린 거절의 말, 즉 "안 돼"를 어떻게 하는지조차 까맣게 잊어버렸다. 며칠, 몇 달, 어쩌면 몇 년의 저항 끝에 아이는 우리 입에서 "얼른 가서 초코바 딱 한 개만 집어와"라는 말이 나오게 만들었으면서도 여전히 우리 스스로를 강인하고 고집스러운 부모라고 믿게끔 하고 있다. 무엇보다 먼저 "초코바는 안 돼"라는 지극히 평범한 말은 어디로 가버린 걸까? 스포츠에 비유하면 우리는 한 손을 등 뒤로 묶은 상태에서 아이를 상대하고 있는 셈이다. 그러니 지기만 하는 게 당연하지 않은가?

> 앞으로 하고 싶은 양육 방식을 강조하는 몇 가지 단어를 골라보자. 그 단어들을 일기장이나 수첩, 아이 사진 테두리에 적어두자. 시작할 때, 끝낼 때 그리고 버릇 잡기를 실천하는 기간 내내 이 단어들을 들여다보고 영감을 떠올려 보자.

앞으로 시작할 일도 많지만 당장 그만두어야 할 일도 많다. 이런 변화가 버릇 코칭의 출발선에서 큰 힘을 실어줄 것이다. 터무니없는 일을 중단하고, 부모의 권위를 약화시키거나 비효율적이거나 자신감도 부족한 부모로 만드는 낡은 수법에 더 이상 의존하지 않으면 많은 것을 성취할 수 있다.

다음 장에서는 여러분이 지금 사용하고 있을지 모르는 보편적인 양육 전략 중에서도 왜곡되기 쉬운 것들을 살펴본 후, 이를 바로잡고 효과 없는 그런 일을 그만두기 위한 도움말에 대해 함께 알아볼 것이다.

아이스크림이나 장난감, 텔레비전 등 부모로서 지나치게 응석을 받아주는 상징물을 그림으로 그리거나 인터넷에서 다운로드받자. 그런 다음 그림 둘레에 붉은색으로 동그라미를 치고 한가운데에 사선을 긋자. 요컨대 '버릇 망치기 금지' 표시다. 이 상징물을 작은 표지판이나 포스터, 메모, 컴퓨터나 PDA 바탕 화면 등으로 만들어보자.

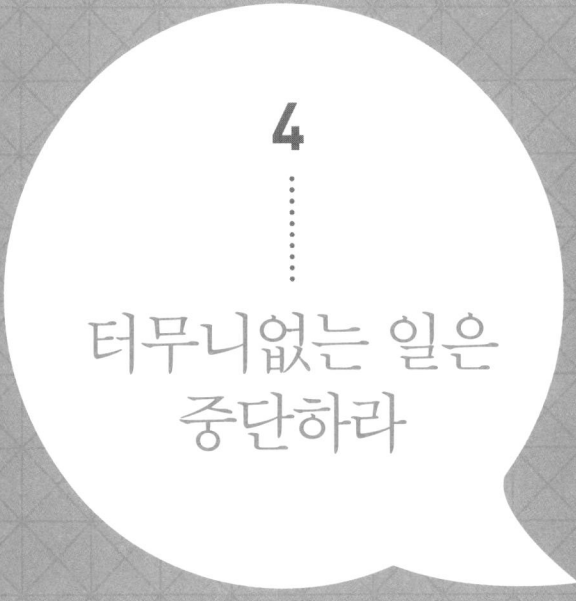

4
터무니없는 일은 중단하라

진화가 사실이라면 어떻게 엄마들의 손은 두 개밖에 없는 걸까?
에드 두소 Ed Dussault

부모는 효과적인 전략을 하나 찾아내면 마법의 힘이 떨어진지 한참이 지나도록 계속해서 같은 방법을 몇 번이고 반복해서 사용하는 경향이 있다. 이런 일은 거의 언제나 일어난다. 부모는 특히 스트레스를 받거나 피곤하거나 부담감을 느끼거나 어떻게 해야 더 잘할 수 있는지 알 수가 없어 무력감을 느낄 때 이런 수법에 의존하기 쉽다. 그러나 이런 수법은 종종 효과를 발휘하지 못하거나 오히려 부모의 목소리와 효율성을 약화하고 아이의 반항이나 고집만 강화하는 역효과를 낳는다. 자주 사용하는 전략 몇 가지를 살펴보고 넘어가기로 하자.

셋 까지 세 기

셋까지 세기 수법은 어린 아이들을 움찔하게 만들 수는 있지만 아이들은 금세 그럴 필요가 없다는 것을 깨닫는다. 부모는 흔히 이렇게 말한다.

"셋까지 세게 하지 마라. 안 그러면……."

그러나 아이는 아무런 말도 못 들은 것처럼 행동한다.

'안 그러면, 뭐?'

무시로 일관하는 아이의 행동은 이렇게 말하는 것도 같다.

'안 그러면 나랑 관계된 일에서 엄마는 사실상 지기만 할 거라고? 아니면, 엄마가 너무 짜증이 나서 결국 포기하든지, 나를 때리든지, 둘 중 하나를 하게 될 거라고? 아니면, 백까지 계속 세야 할 거라고?'

내가 목격한 바로는 셋까지 세기가 효과를 볼 때는 딱 한 가지 경우다. 그건 바로 아이에게 셋을 셀 때까지 태도를 바로잡아야 한다는 경고를 전달할 때다. 부모가 셋까지 셌다면 스스로 한 말을 지키고 아이에게 부정적인 결과를 안겨주어야 한다. 다시 말해, 셋까지 세기는 속임수가 아니라 목적이 분명하고 권위 있는 양육을 위한 도구로 사용할 때 효과를 볼 수 있다. 이 전략을 적절하게 사용하고 강화한다면 아이도 바르게 행동하는 법을 알게 될 것이다. 아이 역시 부정적인 결과를 원하지 않기 때문이다. 부모는 곧장 셋까지 세는 것을 두려워할 필요가 없다는 것을, 그래서 둘과 셋 사이에서 소수점까지 동원해 시간을 늘릴 필요도 없다는 것을 알게 될 것이다(이 기법의 자세한 활용법을 알고 싶다면 토머스 펠란Thomas Phelan의 베스트셀러《잔소리 안 하고 아이 길들이는 엄마의 마법 1-2-3 1-2-3 Magic》을 참고하라).

아이에게 '버르장머리 없는 녀석'이라고 말하고 싶다면, 잠깐 멈추고 아이가 어쩌다 이 지경에 이르렀는지 한 번 생각해보자. 아이의 잘못일까, 아니면 다른 누군가의 잘못일까?

타임아웃

타임아웃은 '종합 선물 세트'다. 아이와 부모 모두에게 잠시 떨어져 흥분을 가라앉힐 귀중한 공간을 마련해준다. 짤막하고 현명하게 사용할 경우 아이들의 행동을 제어하는 데 도움이 된다. 그러나 일관성과 분별력 없이 순간적인 혼란이나 좌절 상태에서 사용한다면 어린 아이에게 버림받았다는 느낌과 수치심을 안겨줄 수 있다. 마치 지난 세기 '지진아'라고 쓰인 고깔모자를 쓰고 교실 구석에 서 있어야 했던 아이들처럼 말이다. 그러나 내 경험으로 미루어보건대 오늘날 타임아웃은 수많은 부모에게 유일한 무기가 되어버렸다. 어린 아이들은 자신의 행동을 돌이켜볼 시간이 불과 몇 분밖에 되지 않는다. 지나치게 오래 타임아웃을 당한 아이들은 수백 년 동안 병 속에 갇혀 있는 요정처럼 점점 화가 나고 복수심에 불타게 될 위험이 크다.

타임아웃이 때로 내 아이에게 효과적이라는 생각이 든다면 스스로 납득할 수 있는 상황 혹은 조건에서 분별력 있게 사용하라. 예를 들면, 타임아웃은 아이가 생각을 하고, 열을 식히고, 제어할 수 있는 상황이다. 짧고 개념이 분명하고 어쩌다 한 번 사용하는 타임아웃이 길고 애매하고 자주 사용하는 타임아웃보다 효과적이다. 심지어 개념이 불분명한 타임아웃도 매를 들거나 상처 입히는 말을 쏟아내는 파괴적인 전투보다 낫다. 부모 입장에서도 갑자기 주먹을 휘두르거나 달아나는 것 말고 달리 할 수 있는 일이 없는 상황까지 아이를 몰아대고 싶지는 않을 것이다. 아이가 압박감을 느끼는 게 보인다면 물러나라. 아이를 벼랑 끝까지 몰아붙여서 얻을 것은 없다.

약 속 하 기

"약속했잖아!"

부모는 아이를 몹시 사랑하는 만큼 모든 것을 주고 싶다. 불가능하다는 걸 알면서도 달을 따다 주겠다고 약속하고 싶다. 하지만 결코 이룰 수 없는 약속을 반복적으로 받는 기분은 어떨까? 또 약속을 한 부모는 어떻게 될까? 실제 모습보다 명성이 더 우세한 법이다. 부모는 실망감만 안겨주고 말 것이다. 그리고 이런 비난을 받을 것이다.

"거짓말쟁이!"

우리는 언제나 아이를 사랑하고 싶은 만큼 약속을 할 수 있다. 그리고 그걸 지킬 수 있다고 생각한다. 그러나 우리가 왜 아이에게 내일 무엇을 사주겠다거나 어디를 데려가겠다거나 약속한 시간에 집에 돌아오겠다거나 하는 것을 약속해야 하는지 자문해보자. 어쩌면 더 크고 중요한 문제가 있을지도 모른다. 정말로 하고 싶은 말은 "안 돼"나 "아직은 모르겠다" 혹은 "아직 확실히는 말할 수 없어"인데 왜 약속을 하고 있는 것일까? 어길 가능성이 높다는 것을 알면서도 왜 약속을 하는 것일까?

만약 아이가 내일 공원에 데려가겠다는 약속을 하라고 요구한다면 뭐라고 말하겠는가? 이건 어떨까?

"내일 공원에 데리고 갈 계획을 세우고 있어."

정기적으로 집에 들어오지 않거나 보통 늦은 시간에 귀가하거나 전혀 집에 가지 않는(오히려 이것이 심각하게 다루거나 고치고 싶은 문제일 것이다) 경우가 아니라면, 이 정도로도 충분하다. 만약 아이가 사랑하는 애완동물을 포함해 그 누구도 죽거나 병들지 않는다고 약속하라면 어떻게 하겠는가? 거짓된 위로는 순간적으로는 기분 좋게 들릴 수 있지만 결국에는 진정한 위로가 되지 못한다. 이처럼 어려운 질문에는 솔직하고 사려 깊은 대답이 필요하다. 이건 어떨까?

"나도 그럴 거라고 약속하고 싶어. 하지만 사람을 포함해 모든 살아 있는 것들은 언젠가는 죽는단다."

자신이 무슨 말을 하고 있는지 생각해보고 오직 지킬 수 있는 것들만 약속하라.

거래하기

"파란색 잠옷을 입을래, 초록색 잠옷을 입을래?"

부모는 어린 자녀와 매순간 끊임없는 싸움을 벌이느니 선택이라는 교묘한 개념을 이용하는 게 낫다고 생각한다. 부모는 파란색 잠옷 아니면 초록색 잠옷이라는 두 가지 선택 사항밖에 없는 것처럼 말한다. 이런 개념은 나쁘지 않다. 두 가지 중요한 목표를 성취하는 잠재력을 갖고 있기 때문이다. 첫째, 원하는 것을 얻을 수 있고(아이에게 잠옷 입히기) 둘째, 아이에게 스스로 원하는 것을 줄 수 있다(아이가 원하는 잠옷 입기).

이 방법은 부적 같은 효과를 발휘한다. 다만, 지나치게 활용해서 나쁜 습관이 되어버리기 직전까지만 효과적이다. 부모가 "파란색 잠옷을 입을래, 초록색 잠옷을 입을래?"라고 묻는 것은 "지금 잠옷을 입어야 하는데, 어떤 것을 고를 거니?"라는 뜻이다. 그러나 아이들은 종종 "잠옷을 지금 입을래, 나중에 입을래, 아예 안 입을래? 네 맘대로 해"라는 뜻으로 받아들인다.

부모가 이런 언어 전술에 지나치게 의존하면 결정을 내리고 권위를 행사하는 힘을 잃어버린다. 물어보는 것에 익숙해지는 바람에 요구 사항을 단순하게 말하는 법을 잊어버리기 때문이다. "출발하자"가 "우리 출발할까?"라는 말에 자리를 내준다. 한 시간 후 출근해야 하는 상황에서 네 살짜리 아이에게 오늘 어린이집에 가고 싶은지를 묻는 것은 말도 안 된다. 특히 아이가 집에 있는 걸 더 좋아한다는 사실을 알면서도 그렇게 묻는 것은 더더욱 납득할 수 없다.

선택을 제공하는 것만큼 명백하고 뚜렷한 지시를 전달하는 것도 중요하다. 이 책을 다 읽으면 여러분은 아이에게 빨리 옷을 입어야 한다고 곧장 말할 수 있게 될 것이고, 아이도 그 말을 잘 따를 것이다.

울며 떼쓰기와 벅찬 요구 보상해주기

공공장소에 가본 사람이라면 누구나 울고 소리를 질러대며 떼쓰는 아이들을 본 적이 있을 것이다. 그렇게 하면 종종 효과를 보기 때문이다. 부모가 이렇게 바람직하지 못한 행동을 강화하는 것만큼 확실하게 아이의 버릇을 망치는 길도 없을 것이다. 부모라면 누구나 아동심리학자 못지않게 이런 사실을 잘 알고 있다. 밉살맞은 아이를 키우고 싶은 부모가 어디 있겠는가? 그렇다면 왜 부모들은 그런 상황에서 굴복하는 걸까? 달리 대응할 방법을 몰라 당황스럽고 꼼짝달싹하지 못하는 상황에 갇혀버렸다고 생각하기 때문일 것이다.

세상에서 가장 힘든 일이 될 수도 있지만 떼를 쓰는 것처럼 느껴지는 목소리나 몸짓, 행동에 결코 굴복하지 않으려 노력한다면 앞으로 나아갈 수 있다. 요컨대 이렇게 말해보자.

"평소 목소리로 이야기하면 네 말을 더 잘 들을 수 있을 거야."

아이들은 누구든 자기 말에 귀를 기울여주지 않는 것을 싫어한다. 차분하고 단호하게 기다리면 아이 역시 빠른 시간 안에 진정할 가능성이 높다.

"부적절해"

나는 개인적으로 이 말을 좋아하지 않는다. '부적절하다'는 단어는 어린 아이에게 쓰기에는 너무 광범위하고 이상한 말이다. 아이들은 이 말을 들으면 귀를 닫으려는 경향이 있다. 또 항상 그런 것은 아니지만 어떤 어른들에게는 성적인 의미를 지니고 있기도 하다. 더불어 일탈적이고 임상적인 느낌도 든다. 따라서 이것보다 효과가 좋은 평범한 말을 쓰는 게 어떨까? 아이의 말이나 행동이 부적절하다고 하기보다는 조금 더 직설적으로 표현하는 것이 좋다.

"그것보다 더 좋은 표현 방법도 있단다."

"그렇게 하는 건 옳지 않아."

"그런 일은 마음에 들지 않아."

자신의 언어로 분명하고 명확하게 표현하라.

말뿐인 위협

게으른 손이 죄를 짓는다는 말도 있지만 양육과 관련해 게으른 위협과 비교할 만한 것은 아무것도 없다. 여기서 딜레마가 생겨난다. 대체 게으르지 않은 위협은 어떻게 한단 말인가?

어렵다. 부모는 껌을 씹듯이 위협을 한다. 다시 말해, 별생각 없이 막 한다는 뜻이다. 게리 라슨Gary Larson의 만화에 한 부모가 이렇게 말하는 장면이 나온다.

"제이콥, 한 번만 더 종이집게를 던졌다간 혼날 줄 알아. 제이콥, 지금 농담하는 거 아니야. 간식도 못 먹고 일찍 자러 가야 할 거야. 내일 비디오 가게에 가지도 않을 거야. 웃고 있니? 농담 아니라고 분명히 말했다,

제이콥."

그런데 이 말이 아이 귀에는 이렇게 들린다.

"제이콥 …… 아다다다 아다다다 아다다다……. 제이콥 …… 아다다다 아다다다 아다다다……. 제이콥."

부모가 위협을 하면서도 진심이 아니라는 걸 보여주는 것은 조금 더 음험한 형태의 협박이다.

"엘라, 장난감 치워. 안 그러면 하루 종일 장난감을 빼앗길 줄 알아."

이렇게 말하면서 부모는 스스로 장난감을 치운다. 말로 하지 않는 굴복적인 몸짓은 사실 아이에게 이렇게 말하는 것과 같다.

"달려라, 달려. 어서 가서 놀아!"

어떻게 해야 부모의 위협을 의미 있게 바꿀 수 있을까? 셋까지 세기처럼 결과로 자신의 말을 뒷받침해야 한다. 뺏고 싶지 않은 것으로 위협하지 말라. 그러지 않을 거라면 아이의 행동 때문에 동물원에 가기로 한 것을 취소하겠다고 말하지 않는 것이 좋다. 10분 안에 정리하지 않으면 블록을 빼앗겠다고 위협했다면 블록을 치울 준비를 하는 것이 좋다(이 보편적이면서도 어려운 문제에 대해서는 8장에서 다룰 것이다).

뇌물 쓰기

나 역시 부모이기 때문에 뇌물 쓰기가 실제로 벌어지고 있으며 때로는 필요하거나 좋은 해결책으로 보이기도 한다는 것을 잘 알고 있다. 그러나 뇌물 쓰기는 대체로 함정이 많은 전략이다. 만약 오늘 아이에게 양치질을 시키면서 그 대가를 지급했다면 아이가 왜 내일은 공짜로 양치질을 하겠는가? 하지 않을 것이다. 일주일 동안 숙제를 한 대가로 아이에게 60달러짜리 비디오 게임기를 사준다면 아이 스스로 숙제를 하겠다는 내면의 동기를 찾을 수 있을까? 없을 것이다.

뇌물 쓰기는 많은 비용이 든다. 오늘은 일이 약간 쉽게 풀리겠지만 내일은 훨씬 더 어려워진다. 뇌물은 부모의 권위를 약화하고 무기력하게 보이게끔 한다. 뇌물을 쓰면 아이들은 그동안 공짜로 해야 한다고 생각했던 수많은 다른 일에 대해서도 뇌물을 기대한다. 게다가 뇌물 쓰기는 불쾌하고 치사해질 수 있다. 지금 아이 손바닥에 기름을 칠해놓으면 경사면은 점점 더 기름범벅이 되고 점점 더 미끄러워질 것이다. 얼마 지나지 않아 부모는 그 어떤 목적과 의도가 있더라도 아이가 부모를 쥐고 흔들며 말 그대로 모든 일, 모든 협력에 대가를 지불해야 한다는 사실을 깨닫게 될 것이다.

그렇다면 뇌물이 좋은 선택일 경우는 언제일까? 극단적인 상황, 일테면 아이의 안전이 위태로울 때다. 예를 들어 아이가 45미터 높이의 나무 위에 올라가 내려오려 하지 않을 때나 방문을 걸어 잠그고 걱정스러운 일로 위협할 때, 혹은 고통스러운 의료 처치를 받아야 할 때다. 이때 '극단적인'이라는 개념을 '내 아이가 내 말을 들으려 하지 않을 때'라고 확대 해석하지 말아야 한다.

부모가 스스로 자신의 양육 전략과 기법에 의존하고 있음을 깨닫는 환경과 딜레마는 지극히 보편적이고 타당하며 극복하기도 어려워 이 책을 읽는 동안 계속 이 주제를 다시 만나게 될 것이다. 그러나 좀 더 효과적인 방법으로 이런 전략을 도입한다면 조금 더 유리하게 출발할 수 있다.

이제 우리는 변화를 시작했다. 말보다 우선하는 새로운 양육 행동, 양육 실천으로 아이에게도 상황이 변하고 있음을, 부모가 진화하고 있음을, 새로운 양육 질서가 자리 잡고 있음을 선언할 것이다. 다음 장에서는 이 문제를 좀 더 깊이 파헤칠 것이다. 마음을 다잡고 분발하자.

> 양육 전략과 도구가 다양하고 유연할수록 더욱 효과적이다. 한 가지 수법이나 전술에 의존하지 않도록 하자.

5

아이의 관심을 붙들어라

> 부모가 아이의 주의를 끄는 가장 빠른 방법은
> 가만히 앉아서 편안하게 있는 것이다.
> **레인 올링하우스** Lane Olinghouse

이제 우리의 머리와 가슴속에는 아이의 버릇을 망치는 현상을 이겨내겠다는 결심이 자리를 잡았다. 권위를 약화시켜온 낡은 수법에 대한 의존을 줄임으로써 게임의 공정성을 바로잡기로 마음먹었다. 또한 좀 더 좋은 학교나 세계 평화를 위한 지령이라도 되는 것처럼 단호하게 더욱 행복하고 만족스러운 가정을 만들기 위해 전념하기로 작정했다. 이제 그 뚜렷한 메시지를 아이에게 보낼 차례다.

이 시점에서 대부분의 부모는 아이에게 큰 소리로 말하고 싶어 한다. "우리의 목적을 선언해야 하는 것 아닌가요? 아이에게도 공평하게 경고를 해야 하는 것 아닐까요?"

아들에게 양치질을 시키는 데 지쳐버린 한 부모한테 나는 이렇게 대답했다.

"한 번 생각해봅시다. 아이가 열한 살이니까, 그동안 하루에 열두 번

씩 1년 365일 동안 8년을 양치질을 해야 한다고 일깨워주셨다는 말이지요? 결국 3만 5000번 이상 경고를 했다는 건데 그건 아이에게 필요한 경고보다 3만 4950번을 더 했다는 뜻이나 마찬가지예요."

말할 것도 없이 이 아이는 〈포켓몬〉에 등장하는 493종의 괴물 이름을 다 외울 만큼 기억력이 좋고 영리했다. 그런 아이에게 더 이상 잔소리는 필요 없다.

버릇 코칭에 대해 선언문을 작성하는 것이 가치 있는 일은 될 수 있겠지만 그걸 아이에게 보여주거나 들려줄 필요는 없다. 또 단상 위에 올라가 아동기의 방종에 대한 전쟁을 선포하고 가족의 권한을 선언할 필요도 없다. 큰 목소리와 말로 하는 협박은 무익하다는 게 증명되지 않았던가?

더 이상의 경고는 필요하지 않다. 그럴 경우 오히려 아이가 부모 말에 집중하지 않는 결과만 초래할 수 있다. 아이는 이미 너무 많은 경고를 들었기 때문에 부모의 말을 냉장고 돌아가는 소리나 변기 물 내리는 소리처럼 집 안의 소음으로 여길 것이다.

앞으로도 계속 반복해서 설명하겠지만 정말로 뭔가 큰 변화를 이끌어내는 것은 말이 아니라 행동이다. 도움이 되지 않는 양육 기법을 포기한다면 비로소 아이의 시선을 붙잡을 수 있을 것이다. 그러나 많은 아이들이 더 요란하고 큰 뭔가를 필요로 하는 것 또한 사실이다. 어느 위대한 대통령의 말을 인용하자면, 이럴 경우 말은 부드럽게, 동작은 크게 해야 한다. 이때 동작을 크게 하라는 것은 어떤 말이나 위협보다 큰 행동을 통해 아이에게 이제 파티는 끝났다는 사실을 제대로 전달해야 한다는 뜻이다.

마크의 경우를 예로 들어보자.

아름다운 여성이자 좋은 부모이기도 한 마크의 엄마는 아들이 짐승이 되어버렸다며 나를 찾아왔다. 마크가 얼마나 버릇이 없는지를 설명하던 그녀는 몇 달 동안 매주 마크의 심리 상담 치료를 마치자마자 장난감 가게에 데려갔다고 고백했다.

"그러지 않고서는 도저히 여기까지 아이를 데려올 수 없었어요."

우리는 한 가지 계획을 생각해냈다.

마크의 엄마로서는 구미가 당기면서도 두려운 계획이었다. 그 계획은 다음과 같았다.

마크의 치료가 끝나면 평소와 다를 바 없이 진료실을 떠난다. 장난감 가게로 데려가 나를 만난 대가로 기대하고 있던 장난감을 사준다. 장난감 가게를 나온 다음에는 언제나처럼 마크 엄마의 볼일을 보러 출발한다. 하지만 마크가 늘 그렇듯 싫다고 소리를 지르며 자기 먼저 집에 데려다달라고 하면 아이를 집까지 태워다주는 대신 그 즉시 차를 돌려 장난감 가게로 간다. 그리고 차분히 마크의 장난감과 쇼핑백을 빼앗아 환불한다. 이때 마크의 엄마는 자신이 무슨 일을 하는지 혹은 왜 그러는지에 대해 고함을 지르거나 위협을 하거나 말하는 것을 삼간다.

"아이가 너무 놀라 아무 말도 못했어요. 그 상황을 믿을 수가 없었던 거죠."

그날 밤 마크 엄마가 전화를 걸어 내게 한 말이다. 마크를 데리고 쇼핑몰 주차장에서 곧바로 가게 안으로 들어갈 때 아이가 얼마나 고함을 질러댔는지 상황을 설명해주었다.

"말도 안 돼요! 이건 불법이에요!"

가게 주인이 장난감에 무슨 문제가 있냐고 물었을 때 마크의 엄마는 자기 아들이 너무 무례하게 굴어서 장난감을 환불하고 싶다고 솔직하게 대답했다. 자신이 생각해도 자랑스러웠다.

마크는 엄마의 메시지를 곧바로 알아들었다. 상황을 똑바로 직시하고 엄마가 변하고 있음을 단번에 알아차렸다. 엄마가 뭐든 참아줄 것이며 백년 안에는 결코 변하지 않을 거라는 기대와 추측이 단박에 사라진 것이다.

마크의 엄마는 과감한 행동을 보여주었다. 여기서 요점은 크고 눈에 띄는 행동이다. 정확히 어떤 행동인지는 사실상 중요하지 않다. 마크의 엄마는 이제 부모들이 거의 제어할 수 없다고 생각하는 것들을 제어할 수 있을 것이다. 예를 들면 마크가 양치질을 하지 않으려 할 때나 학교에 갈 때마다 꾸물거리는 태도, 식당에서의 무례한 행동, 정리와 청소를 하지 않으려는 태도 등에 대해서도 과감한 행동으로 대처할 수 있을 것이다.

어떤 일이든 과감한 행동의 타깃이 될 수 있다. 그렇다면 왜 과감한 행동이 중요한 걸까?

이 문제에 대해서는 일반적인 상황에 대비한 충격과 공포 전략을 다룬 다음 장에서 자세히 살펴볼 예정이다.

◦◦

부모의 과감한 행동은 전혀 예기치 못한 일, 특징적이지 않은 일, 요란한 일, 아이 눈앞에서 벌어지는 일, 강력하고도 성공적인 일의 형태로 나타난다.

◦◦

6
충격과 공포를 안겨라

아이가 두통을 안겨준다면 아스피린 약병에 있는 지시 사항을 따르라.
특히 '어린이의 손이 닿지 않는 곳에 보관할 것'이라는 부분을.
수전 사바나 Susan Savannah

아이의 관심을 붙드는 게 왜 중요할까? 좀 더 간단하고 쉬운 것부터 시작해 차근차근 단계를 밟으면 안 되는 걸까?

이론상으로는 가능하다. 그러나 현실적으로는 어렵다. 아이들은 매분, 매시간, 매일이 지나는 사이 갈수록 버릇이 없어진다. 부모가 지속적으로 응석을 받아주는 바람에 아이는 점점 그리고 꾸준히 부모의 요구를 무시하고 못 본 척하도록 배운다. 거의 알아차릴 수도 없는 사소한 버릇 망치기가 끊임없이 이어지면서 이제는 요지부동인 큼직한 버릇이 생겨난다. 티끌 같은 버릇 망치기를 일일이 원상태로 돌려놓으려면 평생이 걸릴 수도 있다. 그러나 다행히 그럴 필요가 없다.

한 번의 크고 빠른 행동이 아이의 관심을 끌 수 있다. 아이는 부모의 과감한 행동에 깜짝 놀라고 당황한다. 더 이상 한 시간 전의 부모가 아니라는 사실이 충격으로 다가온다. 이때 백미는 부모가 굳이 큰 소리로 말할 필요 없다는 것이다. 그렇게 하면 오히려 효과만 약해질 뿐이다.

부모 스스로 그렇게 할 수 있음을 깨달을 때 자신의 관심도 붙들 수 있다고 나는 생각한다. 이러한 충격과 공포의 순간을 통해 부모는 자신이 해냈음을 깨닫고 감격과 놀라움에 빠지며 힘을 얻는다.

앞서 이야기했듯이 아이의 관심을 붙들려 할 때 경고는 필요하지 않다. 그럴 경우 오히려 버릇을 잡기 위한 부모의 행동이 안겨주는 갑작스러운 충격과 공포를 희석시킬 수도 있다. 새로워진 부모의 모습을 당당히 선언해놓고 계속 낡은 모습을 고수한다면 아이로 하여금 부모가 그런 일을 할 수 없다는 확신만 갖게 만들 것이다. 다시 강조하지만, 마을에 새 보안관이 등장했음을 알리는 것은 말이 아니라 훌륭한 버릇 잡기 행동이다.

훌륭한 버릇 코칭 행동이란 전혀 예기치 못한 일, 특징적이지 않은 일, 요란한 일, 강력한 일 그리고 아이 눈앞에서 벌어지는 일을 뜻한다. 커다란 행동이 효과적인 중재안이 되려면 반드시 성공을 보장할 수 있는 조건을 세심하게 만들어내야 한다. 앞장에서 우리는 마크와 그의 엄마를 만났다. 내 도움을 받아 마크의 엄마는 몇 분 전 사주었던 장난감을 환불하는 전략을 자신의 행동으로 선택했다. 요컨대 자꾸만 반복되고 마음속에 뚜렷하게 떠오르는 문제 행동 한 가지를 신중하게 골라낸 것이다. 이때는 충격과 공포 기법에 딱 들어맞는 행동이나 문제를 골라내거나, 혹은 가장 우려하거나 신경 쓰고 있는 문제나 행동은 아닐지라도 일반적으로 버릇없는 행동이 나타나는 상황을 골라내는 것이 가장 중요하다(가장 걱정되는 문제는 나중에 살펴볼 것이다).

충격과 공포 전략을 제대로 실행할 수 있는 전형적인 문제를 예로 들어보자. 아이가 공공장소에서 지나치게 행동한다면 금요일 저녁 아이가 좋아하는 피자집에 갈 계획이라고 말한다. 아이를 비롯해 모든 사람이 열광할 수 있게끔 하라(그러나 모든 사람을 이 계획에 넣지는 말라. 그러면 실패할 것이다). 금요일 저녁이 되어 피자집으로 향하고 있는데 아이가 예상대로 버릇없는 행동을 하면 당장 차를 돌려 집으로 돌아가라. 또 식당에 도착해 피자가 나오기를 기다리는 동안 아이가 지나치게 행동하기 시작하면 곧바로 자리에서 일어나 아이를 데리고 집으로 가라.

아이가 단 한 조각도 피자를 먹지 못했을 때 가장 효과가 좋다. 이때 피자를 절대 집에 싸가지 말라. 아이에게 충격과 공포가 효과적인 이유는 부모가 평소답지 않게, 자신이 알고 있는 다른 어떤 부모와도 비슷하지 않게 행동하는 것을 목격했기 때문이다. 아이는 배가 고프다며 소리를 지를 수도 있고, 돈까지 낸 음식을 두고 와서는 안 된다고 주장할 수도 있다. 다른 아이들도 데려온 상황이라면 그 애들이 피자를 먹지 못했다고 해서 크게 걱정할 건 없다. 그걸 못 먹었다고 죽는 건 아니니 말이다. 그리고 피자 값으로 20달러를 날린 게 대수인가? 아이에게 그동안 쏟아부은 돈에 비하면 아무것도 아니다. 전문적인 아동심리학자인 내가 봐도 20달러는 심리 치료에 드는 비용에 비해 아무것도 아니다. (이 전략은 아이를 극장에 데리고 갔을 때나 가족끼리 나들이를 갔을 때에도 적용할 수 있다).

> 부모의 단호한 행동이 아이에게 피해를 입힐 거라고 걱정하지 말라. 그런 일은 결코 없다.

아이가 매번 학교에 지각하거나 매일 아침 꾸물거려 미칠 것 같은가? 아이를 제시간에 학교까지 데려다주기 위해 온갖 영웅적 행위를 해야 하는가? 그렇다면 충격과 공포 전략이 제격이다. 한 번 요구하고 그 다음은 아무것도 하지 말라. 예를 들어, 아이에게 다정하고 참을성 있게 딱 한 번만 학교에 갈 준비를 하라고 말하라. 딱 한 번이다! 그리고 뭐든 아침마다 하는 일을 즐겁게 하라. 출발 시간을 넘긴 뒤, 부모가 이런저런 일을 해주지 않아서 혹은 이런저런 일을 하느라 바빠서 자기가 지각을 하게 되었다고 소리를 지르며 부모 탓을 하면 차분하게 "벌써부터 준비하라고 말했어"라고 대답하라. 그런 다음 상황에 따라 다음 중 한 가지를 선택하라.

- 오늘은 학교에 지각할 수밖에 없겠다고 말하라. 아파서 그랬다는 둥 선생님께 해명하는 쪽지를 써달라는 아이의 요구는 차분하게 거절하라. 제때 준비를 하지 않아 늦었다는 걸 선생님께 알리겠다고 말하라. 아이가 정말로 학교에 신경을 쓴다면—대부분의 아이들이 그렇다—크게 분노하고 동요할 것이다. 이때 아이를 구해주면 모든 게 수포로 돌아간다.

아이의 선생님에게는 제때 학교에 갈 준비를 하도록 가르치고 있는 중이며 며칠이면 원만하게 마무리될 거라고 알려주어라. 대부분의 교사는 이런 식의 강력하고 순행적인 양육을 기꺼이 지지할 것이다.

- 그날은 아이를 학교까지 자동차로 데려다주지 말라. 집에서 학교에 가지 않았다는 사실을 걱정하며 하루를 보내게 하라. 학교를 정말로 좋아하고 선생님이 어떻게 생각할지 신경 쓰는 아이라면 특히 효과적이다. 하루나 이틀 정도만 지나면 아이는 제때 준비를 하게 될 것이다.
- 주의할 점: 뚜렷한 이유 때문에 학교 가기를 정말 싫어하거나, 학교를 두려워하거나, 성적이 나쁜 아이에게는 이 전략을 사용하지 말라. 이런 문제는 전문적인 도움이 필요하다.

과감한 행동으로 다스려야 할 또 한 가지 보편적인 문제는 위생 관념이 빈약할 때다. 양치질을 예로 들어보자. 자기 전에 딱 한 번만 양치질을 하라고 말하라. 그리고 잊어버려라. 아마 아이는 이를 닦지 않은 채 자러 갈 것이다. 다음 날이나 이틀 후, 식사 시간이나 간식 시간에 차분하게 단것 종류를 주지 않겠다고 말하라. 양치질을 하지 않으면 단것을 먹을 수 없다고 설명하라. 아이는 사전 경고도 하지 않고 이럴 수는 없다고 소리를 지를 것이다. 그럴 경우에는 아이도 이미 양치질이 얼마나 중요한지 다 알고 있을 것이며, 다음에는 현명한 결정을 내리길 바란다고 차분하게 말해줘라.

과감한 행동을 훌륭하게 해내기는 쉽지 않다. 이 전략은 아이뿐만 아니라 부모에게도 충격과 공포를 안겨줄 것이다. 일생일대의 양육 행동을 할 마음의 준비를 하라. 머릿속으로 계획을 세워라. 어떻게 할지 적어보고 구체적으로 세심하게 계획을 짠 다음 혼자서 혹은 배우자와 함께 예행연습도 해보자. 크게 불편하지 않은 한도 내에서 혹은 육아나 직장 등 여러 상황이 허락하는 한도 내에서 하루치 계획을 세워보자. 전투에 앞서 마음을 단단히 먹어라. 도움이 된다면 옷도 편안하게 입어라. 조금 일찍 일어나 마음의 준비를 하자. 차분해야 한다. 그래야 가장 효과적이다. 잊지 말라. 아이에게 메시지를 전달하는 것은 분노가 아니라 행동이다. 그리고 무엇을 하든 후퇴하지 말라. 다음 장에서는 입장을 고수하는 방법과 그것이 왜 효과적인지 살펴볼 것이다.

계획을 실행하다 실패하더라도 포기하지 말라. 내일 다시 하면 된다.

7
충격을 유지하라

아무리 차분하게 심판을 보려 해도 양육을 하다 보면
결국 별 기괴한 행동을 할 수밖에 없다.
나는 지금 아이들 이야기를 하고 있는 게 아니다.

빌 코스비

수년간의 임상 경험을 통해 나는 충격과 공포의 행동을 수행하려면 두렵고 위축될 수 있다는 것을 알고 있다. 부모들은 이렇게 생각할 수도 있다.

"하지만 어떻게 단 한 번의 행동으로 효과를 볼 수 있지? 무슨 힘을 사용하기에? 마법이야, 사기야?"

나는 그동안 버릇없는 아들과 딸을 데리고 쇼핑몰로 당당히 돌아가 과감한 행동을 수행한 많은 부모를 만났다. 아무리 간단하고 쉬워 보여도 나의 관찰과 통찰 그리고 전략은 모두 복잡하고 미묘하며 아이들에 대한 깊이 있는 이해에 바탕을 두고 있다. 마크의 엄마가 버릇없는 아들을 데리고 장난감을 환불하러 상점으로 돌아갔을 때, 그녀는 아동 발달에 관한 건강한 원칙에 기초해 신중하고도 충분한 근거를 지닌 중재안을 실행에 옮긴 셈이다. 이 중재안의 메커니즘을 잠깐 살펴보고 넘어가는 게 좋겠다.

마크의 엄마는 장난감을 환불히는 대신 이렇게 말할 수도 있었다.

"오늘부터 엄마는 더 이상 네 버릇을 망치지 않을 거야."

"다음 주부터는 상담 치료를 받으러 온 대가로 장난감을 더 이상 사주지 않을 거야."

"네가 원하든 원하지 않든 엄마는 볼일을 보러 갈 거야."

"내가 너를 배려해주었듯이 너도 엄마를 당연히 배려해줘야지."

이 중 어떤 말도 해롭거나 거짓은 아니다. 그러나 힘이 약해 아이 귀에는 옷소매에 살짝 묻은 얼룩처럼 사소하게 들릴 수 있다.

마크의 엄마는 말뿐인 협박을 하기보다 자신의 행동과 그 결과를 통해 분명한 의사 전달을 했고, 이 모든 것이 그동안 모자가 공유해온 우주의 법칙에 반기를 들었다.

한 번의 민첩하고 강력한 행동을 통해 마크의 엄마는 아들이 이해할 수 있는 가장 명백한 방법으로 경고를 전달했다. 행동을 통해 말했기 때문에 좀 더 중요한 일에 쓸 목소리와 마음을 절약할 수 있었다. 평소처럼 아들을 향해 소리를 지를 필요도 없었다. 이기적이고 배려할 줄도 모르는 나쁜 아이라고 말할 필요도 없었다. 자신의 행동을 해명할 필요도 없었다. 마크는 왜 이런 일이 일어났는지 알고 있었다. 만에 하나 몰랐더라도 엄마가 장난감 가게 점원한테 하는 이야기를 통해 알았을 것이다.

그러나 마크의 엄마가 신이 나서 들려주었듯이 마크는 엄마를 향해 미친 듯이 비난의 말을 퍼부어댔다.

"엄마 미워!"

"끔찍한 엄마야."

"엄마 나빠."

"거짓말쟁이."

"심술쟁이."

"엄마는 나를 사랑하지 않아."

가장 듣기 힘든 말은 이것이었다.

"나는 엄마를 사랑하지 않아. 한 번도 사랑한 적 없어."

아이가 이렇게 말하는 것은 그만큼 절박하고 상황이 어떻게 돌아가고 있는지 잘 알고 있다는 증거다.

부모의 행동을 본 아이는 무척 놀라고 당황스러워할 것이다. 하지만 그럴 때에도 부모는 중심을 잡고 침착함을 유지해야 한다.

마크의 엄마는 나의 격려와 주의 사항에 힘입어 마크가 고래고래 소리를 지르고 펄쩍펄쩍 뛰어도 가만히 놔두었다. 따라서 마크가 결국 앞으로는 바르게 행동하겠다고 약속하며 그날 오후 다시 한 번 장난감 가게에 가자고 간청한 것도 그리 놀라운 일은 아니었다.

"엄마랑 같이 볼일을 보러 갈게요."

"고맙다는 말도 잘하고 엄마를 도와줄게요."

마크는 애원했다. 그러나 마크의 엄마는 미끼를 물어서는 안 된다는 것을 잘 알고 있었다. 지금까지의 힘든 노력을 일거에 무너뜨릴 수 있는 위험한 미끼였다. 그녀는 마크가 앞으로 바르게 행동해서 장난감을 빼앗기지 않을 기회가 아주 많다는 걸 잘 알고 있었다. 내일 당장 혹은 마크의 어린 시절 내내 그런 기회가 찾아올 것이다. 하지만 그날은 기회를 주지 않았다.

나는 마크의 엄마에게 충격과 공포 전략을 수행하는 내내 침착함을 유지해야 한다고 격려했다. 왜일까? 침착해야 명확하게 생각할 수 있고 자신의 지위와 견해를 유지할 수 있으며 무엇보다 자신이 지금 왜 이런 행동을 하는지 기억할 수 있기 때문이다. 침착함을 잃지 않아야만 아이에게 적절한 긴장감과 책임감을 부여할 수 있다. 시끄럽게 굴며 저항할수록, 엄마에게 비난을 쏟아 부을수록 마크는 누가 잘못한 것인지 잘 알고 있다는 뜻이다.

마크의 엄마는 단호하고 명백한 행동을 택하고 이를 끝까지 고수했기 때문에 자신의 분노를 표출할 필요가 없었다. 사실, 자기가 한 일의 장점 덕분에 좌절감도 분노도 느끼지 않았다. 오히려 효과적이고 만족스럽고 자랑스럽다고 느꼈다. 행동으로 승리했기 때문에 분노나 거부감으로 아들을 벌줄 필요도 없었다. 아들이 장난감을 잃었고 잘못된 선택을 했다는 사실을 자유롭게 강조할 수 있었다. 그녀는 자신 때문에 아들이 응석받이가 되어버렸다는 것을 통감했다. 그리고 행동을 통해 버릇을 망치는 양육이 어떤 어려움을 가져왔는지, 사랑하는 아들의 성장을 어떻게 방해해왔는지 똑똑히 볼 수 있었다. 그러나 이렇듯 명백한 깨달음과 후회를 느꼈다고 해서 다시금 죄책감과 관대함이라는 낡고 익숙한 악순환에 빠져들 필요는 없었다. 그런 일을 반복하기에는 아들을 너무 사랑했다.

"네가 얼마나 실망하고 있는지 엄마도 잘 알아. 엄마는 네가 곧 좀 더 나은 선택을 하게 될 거라고 믿어."

엄마의 말에 아들은 깜짝 놀랐다. 마크는 엄마의 포옹과 공감을 거부하는 것처럼 보였지만 엄마가 얼마나 유감스러워하는지 분명히 느꼈다. 엄마가 결코 쉽지 않은 양육의 길을 선택할 정도로 자신을 깊이 사랑하고 있다는 것을 말이다.

부모의 행동 직후, 아이가 한층 만족스러워 보이거나 행동이 개선되거나 하는 식으로 좋아지면 더욱 집중하라. 그만큼 잘하고 있다는 뜻이다.

8

아프게 양육하라

부모가 엄하지 못하면 아이에게 발을 밟히기 십상이다.
중국 속담

아이를 때리라는 말이 아니다. 아이에게 의미심장한 결과를 안겨주라는 얘기다. 새 장난감이나 아끼는 장난감일 수도 있고 동물원이나 볼링장에 나들이를 가는 것일 수도 있다. 두 번째 간식이나 첫 번째 간식일 수도 있다. 하루 종일 먹을 수 있는 단것일 수도 있다. 때로는 5장의 예에서처럼 무엇을 박탈할 것인지 명확하게 알 수도 있다. 하지만 그리 명확하지 않을 때는 무엇을 빼앗아야 좋을까?

현대는 놀라운 테크놀로지의 세계다. 대다수 아이들이 컴퓨터와 비디오 게임, 아이팟 등으로 많은 시간을 보낸다. 아이들은 이런 형태의 의사소통 수단과 오락거리를 몹시 중시하기 때문에 종종 잘못된 행동에 대한 결과로 이를 박탈하는 경우가 있다.

"됐어! 방금 너는 오늘 하루 닌텐도 DS 이용권을 잃었어."

부모가 이렇게 외치면 아이들은 어떻게 행동할까? 어두운 방구석에

쭈그리고 앉아 자신의 처지를 한탄하는가? 침대에 엎어져 흐느껴 우는가? 전자기기가 없으니 밖에 나가 친구들과 공을 차며 놀까? 아니면 죽을 만큼 심심해서 엄마와 함께 거실을 청소할까?

어쩌면 위에서 말한 것 중 한 가지를 할지도 모르겠다. 그러나 이런 상황에서 아이들이 가장 많이 하는 행동은 무엇인지 아는가? 닌텐도를 빼앗기면 가족용 비디오 게임기나 다른 형제의 게임기 또는 엄마의 노트북으로 게임을 할 것이다. 이도저도 아니면 이웃집에 놀러가 그 집의 게임보이를 할지도 모른다. 내 경험상 아이들은 부모에게 전자기기를 빼앗길 경우, 다른 전자기기 장난감을 두 배 이상 사용하는 식으로 대응한다. 비디오 게임기를 빼앗기면 컴퓨터로 게임을 할 것이다. 컴퓨터를 빼앗기면 영화나 텔레비전을 볼 것이다.

첨단 기술로 무장한 아이들에게 충격과 공포 전략을 쓰려면 아마 모든 전자제품을 다 빼앗아야 할지도 모른다. 여기서 중요한 문제가 생긴다. 아이의 버릇을 잡는 부모가 되려면 많은 일을 해야 한다. 수많은 장비의 연결을 끊고 제거해야 할지도 모른다. 전자기기 없이는 뭘 어떻게 해야 할지 전혀 모르는 아이들을 다뤄야 한다. 그러나 이런 문제를 해결하는 과정은 아이의 버릇을 제대로 잡기 위해 치러야 할 대가치고는 작은 희생임을 잊지 말라.

전자기기를 효과적으로 없애는 방법이 하나 있다. 아이의 엑스박스 비디오 게임기를 빼앗는 부모의 모습을 상상해보자. 벽에서 거칠게 플러그를 잡아 뽑은 다음 엑스박스를 움켜잡고 마치 창밖으로 던져버릴

기세다. 또는 집 밖으로 게임기를 가지고 나갈 수도 있다. 그러나 나라면 그렇게 하지 않겠다. 저녁에 아이가 잠자리에 든 뒤 조용히 비디오 게임기를 적당한 곳으로 치울 것이다. 아이가 눈치챌까봐 걱정하며 은밀하게 할 필요도 없다. 밤에 치우는 이유는 아이와 소란을 피울 필요가 없기 때문이다. 요컨대 요란한 대치 상황을 피하는 게 목적이다. 대치해봤자 득보다 실이 많다. 아이에게 굴욕감을 안겨주거나 권력을 행사하려는 게 아니다. 엑스박스를 둘러싸고 아이와 줄다리기를 하려는 것도 아니다.

다음 날 아침이나 오후, 아이는 엑스박스가 제자리에 없다는 것을 깨닫는다.

"내 엑스박스 어디 있어?"

아이는 소리를 지를 것이다. 그러면 부모는 일주일 후에 되돌려줄 거라고 말한다. 아이는 말도 안 되는 처사라며 비명을 지르고 저항할 것이다.

"내 거란 말이야!"

아이는 이렇게 소리칠 것이다. 혹은 서럽게 흐느낄 것이다.

"엄마는 나를 사랑하지 않아!"

하지만 부모는 게임기는 이제 없다고 조용히 말한다. 그리고 아이가 원하면 다시 줄 수는 있지만 또다시 그것을 잃지 않으려면 잘못된 행동을 하지 말아야 한다고 침착하게 설명한다.

아이가 빼앗긴 '물건'의 가치를 높이 평가할수록 학습 효과는 더욱 강력하다. 예를 들어 어떤 아이도 수많은 생일 파티 기회를 '잃고' 싶지 않을 것이다.

아이가 자신이 속한 축구팀을 몹시 좋아해서 훈련하는 것도 시합하는 것도 모두 즐긴다고 가정해보자. 그런데 아이의 버릇없는 행동을 점점 통제하기 힘들고, 부모의 요구를 거절하는 일도 잦다. 이럴 경우에는 축구 연습이나 경기에 참여하기 위해 아이를 자동차로 데려다주는 것을 거절해보라. 그리고 부모 말을 제대로 듣지 않았기 때문에 아이가 좋아하는 일을 박탈당했다고 설명하자.

이처럼 아이의 스포츠 활동을 박탈하라는 제안을 하면 많은 부모가 화들짝 놀라며 뒷걸음질을 친다.

"밖에 나가서 뛰어노는 건 아이들한테 좋은 것 아닌가요?"

"코치 선생님한테는 뭐라고 말하죠?"

"오, 안 돼요. 그거야말로 우리 애가 좋아하는 거예요. 수영 연습은 엄청 싫어하거든요."

혼란스러울 것이다. 그러나 이 정도의 혼란스러운 일은 얼마든지 바로잡을 수 있다.

만약 아이가 스포츠 활동을 빼먹게 된 것을 좋아한다면 이는 좋은 충격과 공포 전략이 아니다. 이때는 계속 지켜보자. 그러나 아이가 참여하고 싶어 안달을 한다면 좋은 기회. 코치 선생님에게는 현재 아이와의 문제를 해결하기 위해 노력하는 중이라고 말하라. 코치도 부모의 마음을 이해해줄 것이다. 아이의 불참이 팀의 사기를 떨어뜨린다는 생각이 든다면 더욱 좋다. 그것이야말로 아이가 걱정하는 바이기 때문이다. 만약 팀이 아이의 경기 참가를 원한다면 실행을 잠시 미룬다. 그리고 경기가 끝난 후 예정된 연습 시간에 아이를 데려다주지 않는 것으로 대체하라. 상황에 맞게 창조적으로 대처하면 된다.

무용 연습이나 음악 수업, 생일 파티 등에도 같은 방식을 적용할 수 있다. 어떤 것이든 아이에게 의미 있는 일을 자기 행동의 결과와 연관시켜 박탈한다면 분명 커다란 영향을 미칠 것이다.

떼쓰기

부모에게 좋아하는 것을 빼앗긴 아이들이 저항하는 모습은 하도 많이 봐서 별로 놀랍지도 않을 것이다. 아이들은 엄청나게 악을 쓰고 떼를 쓴다. 그러나 두려워하지도 굴복하지도 말라. 아무리 시끄럽게 난리를 피워도 떼쓰기는 건강한 아동기의 일부이다. 그 자체는 질병이나 장애, 불안정한 양육의 지표가 아니다. 떼쓰기는 아이들이 좌절감이나 분노를 배출하고 정서적 평형 상태를 회복할 수 있게 도와주는 중요한 기능을 하는 것이라고 생각하라. 아이가 떼를 쓴다고 해서 벌을 주거나 비난하지 말라. 그보다는 인정하고 이해하기 위해 노력하라.

아이가 떼를 쓰고 있다면, 혹은 실컷 떼를 쓰고 난 뒤에는 어떻게 아이를 도와줄 수 있을까? 아이로 하여금 점점 커져가는 비애를 인정하는 법을 배울 수 있도록 해주고, 말로 부모 자신의 생각을 표현함으로써 아이를 지지하라. 아이가 비합리적인 요구를 하기 시작하면 단호하게 꿋꿋이 버텨라. 위협하지도 말고 아이의 화에 맞서지도 말라. 아이의 좌절감을 이해하고 있을 뿐만 아니라 마음 깊이 걱정하고 있음을 알려줘라. 떼쓰기가 도저히 물러설 수 없는 지경까지 이르러도 제지하려고 애쓰지 말라. 그때는 이성적으로 설득하거나 좋은 말로 타이를 때가 아니다. 아이는 뭔가를 제대로 이해할 만한 기분도 상태도 아니다. 떼쓰기가 끝나면 다정하게 아이의 반응을 지지하고 인정해주어야 한다. 이때 떼쓰기를 일일이 분석하지 않도록 주의하라. 아이는 그저 그 시간을 넘기고 싶을 뿐이다.

떼쓰기를 통해 부모와 아이가 무엇을 배울 수 있는지 알아보자.

부모는 아이의 관심을 붙잡았고, 아이는 부모를 뚫어지게 쳐다볼 것이다. 처음에는 울컥 화를 내고 심하게 떼를 썼지만 어느새 예전처럼 착하고 어린 아이로 돌아왔을 것이다. 아이는 아마 부모의 꿋꿋하고 단호한 태도에 안정감과 든든함을 느꼈을지도 모른다.

또한 아이는 의아해할지도 모른다.

'지금 이 사람이 정말로 내 부모가 맞나?'

아이의 관심을 잃어버리기는 너무도 쉽다. 어떻게? 굴복해버리면. 아이가 안쓰러워서 다시 장난감을 사주거나 남은 시간 동안 착하게 굴면 장난감을 사주겠다고 거래한다면 대단한 실수다! 장난감도 이벤트도 특권도 사라졌다. 요컨대 마침표를 꾹 찍었다. 아이도 부모도 이를 인정해야 한다. 결과를 번복하는 것은 노력을 게을리 하는 것보다 나쁘다. 이는 아이에게 충격과 공포 전략을 무시하라고, 부모의 과감했던 버릇잡기 행동을 못 본 척하라고 가르치는 것과 같다.

그렇다면 이제 어떻게 해야 할까? 하루나 이틀 뒤 다시 한 번 충격과 공포 전략을 사용하라. 하지만 성급하게 달려들지는 말라. 처음인 것처럼 미리 계획을 세워라. 첫 번째 작전만큼 효과를 발휘하기 위해, 혹은 첫 번째 작전보다 더욱 효과적이기 위해 치밀한 계획을 세워라. 만약 첫 번째 과감한 행동이 효과를 보지 못했거나 지금까지 우리가 살펴본 것보다 더 심각한 문제에 처해 있다면 다음 장으로 넘어가자.

버릇 코칭을 수행하는 동안 떼쓰기의 빈도는 점차 줄어들어야 한다. 그러나 처음 얼마간은 오히려 떼쓰기의 강도가 더 심해질 수도 있다.

9
마침표를 찍어라

아이를 향해 손을 올리지 말라. 당신의 급소를 방어할 수 없게 될 테니.
레드 버튼즈 Red Buttons

새디와 상담을 한 적이 있다. 새디는 혼자서는 아들을 도저히 감당할 수 없어 치료차 내게 데려왔다. 그녀의 아들 숀은 내 사무실을 잔뜩 어질러놓았다. 새디가 그것들을 치우려고 자리에서 일어나자 숀은 내 앞의 커다란 팔걸이의자를 냉큼 차지하고 앉았다. 새디는 자기 자리를 되찾으려는 시도조차 하지 않았다. 한마디 말도 없이, 아들 쪽은 쳐다보지도 않은 채 옆쪽에 있는 조그만 의자에 앉았다. 내가 그 이유를 묻자 그녀는 자기는 어디에 앉아도 상관없다고 대답했다. 그러나 나는 곧 새디가 침묵을 지킨 이유는 아들과 다투기 시작하면 자신이 질 게 뻔하다는 두려움 때문이라는 것을 알았다. 새디가 나를 찾아온 이유를 직접 목격한 셈이다. 그녀는 아들을 전혀 통제하지 못했고 학교나 다른 곳의 그 누구도 마찬가지였다.

자녀가 부모의 요구에 소소하게 반항하는 게 일상처럼 되어버린 가정이 더러 있다. 통제력을 상실한 부모는 아무 일도 하지 못한다. 그러나 새디네 같은 가정에서 통제력을 상실한 부모는 자식을 뭐든 원하는 것을 원하는 때에 마음대로 하는 아이로 만드는 씨앗을 뿌리고 있을 수도 있다. 이런 아이는 반항적이고 공격적이며 비행 청소년으로 자랄 수도 있다.

새디 같은 부모는 행여 아이의 심기를 건드릴까봐 한껏 조심한다. 그리고 그것이 자기 책임이자 의무라고 끊임없이 자신을 설복하고 기만한다. 그렇게 두 손이 묶인 부모는 아이에게 완전히 제압당한다. 자신의 무능을 직면할까 두려워 현실을 못 본 척하고 심지어 한계를 정할 생각조차 하지 못한다.

어떤 식으로든 권위 있는 양육을 하려면 아이가 넘어설 수 없는 선을 믿음직하게 그을 수 있어야 한다. 나는 그 선을 '마침표'라고 부른다. 마침표는 아이가 넘어서거나 밀어붙이거나 반항할 수 없다는 것을 부모는 물론 아이 자신도 알고 있는 중요한 지점이다. 나는 이 용어를 문학에서 빌려왔다. 요컨대 어떤 것도 통과할 수 없는 야구장의 백네트나 콘크리트 옹벽처럼 움직일 수 없는 견고함을 상징한다.

마침표는 어떤 모습일까?

요컨대 무언가를 제한하는 부모의 말이다.

"정말이야. 엄마를 시험할 생각 마."

그러면 아이는 부모가 진심이라는 것을 알고 단 1센티미터도 더 나아가지 않을 것이다. 부모는 구체적으로 이렇게 말할 수도 있다.

"됐어. 이제 파티는 없어. 파티를 열지 못할 거야."

아이는 정말로 파티를 열 수 없게 되었다는 것을 안다. 그래서 더 밀어붙였다가는 생일이 낀 주말을 통째로 날려버릴지도 모른다는 것을 깨닫고 태도를 바로잡을 것이다. 부모에게 견고한 마침표가 있다는 사실을 아는 아이는 한계와 경계를 찾기 위해 부모를 밀어붙이거나 시험해볼 필요가 없다. 한계와 경계가 존재한다는 것을, 그 지점이 정확히 어디인지를 정확히 알고 있기 때문이다!

부모에게 견고한 마침표가 있다는 것을 아는 아이는 끝까지 밀어붙이다 제 쪽에서 먼저 부모의 힘을 경험했을 가능성이 높다. 파티와 주말과 장난감을 잃고 나서야 부모가 결코 두려움 없이 그런 일을 반복할 수 있다는 사실을 깨달은 것이다.

그렇다면 불안정한 마침표는 어떤 모습일까?

어떤 부모는 이렇게 말한다.

"계속 그렇게 해. 반항해보라고. 그랬다간 다음 2주일 동안 축구는 끝이니까."

이때 아이는 부모의 반응을 살핀다. 물끄러미 바라보다 슬며시 잘못된 행동을 저지른다. 그러면 부모는 이렇게 말한다.

"그래, 좋아. 축구를 못하게 하진 않을 거야. 하지만 다른 걸 생각해보겠어."

그러면 아이는 하품을 한다. 한계는 깨졌다. 단호한 마침표의 힘을 경험하지 못한 아이는 어디에 경계선이 있는지 알지 못한 채 계속 부모를 밀어붙일 것이다.

이처럼 부모의 마침표가 불안정하게 흔들려왔다면, 아이가 삶의 다른 영역에 존재하는 마침표를 어떻게 취급할지 한 번 생각해보자. 집에서는 통제 불가능한 아이가 학교나 다른 집에서는 꽤 바르게 행동한다면 일단 마음을 놓을 수 있다. 이는 꽤 일반적인 상황이며 수많은 다른 가능성에 비하면 괜찮은 편이다.

학교(혹은 다른 집) 생활에 맞춰 자기 행동을 조절할 줄 아는 아이라면 내면에 마침표를 갖고 있다는 뜻이다. 요컨대 다른 장소에서 자기 행동을 통제할 수 있다면 다른 환경의 규칙과 기준을 따르도록 부모가 잘 길렀다는 뜻이다.

그렇다면 왜 아이의 행동이 가정과 학교에서 이토록 다른 것일까? 가장 그럴듯한 설명은 학교나 다른 어른이 제시하는 질서와 한계가 명확하기 때문이다. 교사의 역할에는 애매모호함과 유동성이 적다. 아이는 선생님이 무엇을 기대하는지 알고 있다. 가정에서도 아이에게 똑같은 것을 기대하라. 그러면 결국 기대한 대로 얻을 것이다.

마침표를 갖고 있는 부모에게는 스스로 단호한 한계를 정해두었다는 것을 알기에 권한이 주어진다. 자신의 양육 도구 상자에 궁극적으로 아이에게 통제력을 행사할 수 있고 더 좋게는 아이의 관심과 협력을 이끌어낼 수 있는 믿음직하고 큰 수단이 마련되어 있음을 안다. 마침표는 부모의 양육 레퍼토리를 확대하고 성공을 보장하는 내면의 자신감과 탄력성 그리고 편안함을 안겨준다.

어떤 종류의 제한이나 결과를 설정할 것인지는 중요하지 않다. 중요한 것은 부모가 행동으로 자신의 말을 뒷받침하고 굳게 지키는 것이다. 아이의 관심을 붙들기 위해 사용하는 충격과 공포 전략과 비슷하게 들릴지도 모른다. 그러나 마침표는 아이의 관심을 붙들기 위한 것만도 아니고, 한두 차례로 효과를 보는 간편한 중재법도 아니다. 마침표는 시험을 통해 돌담처럼 단단하고 견고하다는 것이 증명된다. 그럼으로써 지속적으로 설정되고 강해지는 한계다. 충격과 공포가 거의 즉각적인 힘을 발휘한다면, 마침표는 아이가 더 이상 부모의 확신에 대해 어떤 의문도 품지 않게 될 때까지 몇 번이고 반복해서 그 확고부동함을 증명해 보여야 한다.

마침표는 아이가 어릴 때 가장 잘 세울 수 있다. 어릴 때부터 부모의 '안 돼'라는 말을 제대로 처리하는 능력을 개발하면 나이가 들어서도 이를 받아들일 수 있다.

그러나 어긋난 방향으로 나아가고 있는 큰 아이의 부모라면 부모 자신은 물론 아이도 하루가 시급하다. 부모로서 해야 할 일이 고달프고 거대한 폭풍이 몰려오기도 할 것이다. 하지만 지금 포기하면 결국은 더욱더 나빠지고 더욱더 저항하는 아이와 함께 더욱더 깊고 질척한 늪 속에서 허우적거리게 될 것이다.

우선 아이가 왜 부모의 마침표를 진지하게 받아들이지 않는지 그 이유부터 헤아려보자. 혹시 부모의 마침표가 별로 자극적이지 않은 것은 아닐까? 부모가 끊임없이 너그러운 것은 아닐까? 너무 빨리 굴복하고 박탈하기로 한 물건이나 활동을 너무 쉽게 허락하는 것은 아닐까? 말다툼을 벌이거나 한편으로는 한계를 정해놓고 다른 한편으로는 응석을 받아주는 식으로 자신의 행동을 훼손하고 있지는 않은가?

지금 우리는 완벽에 대해 이야기하는 게 아니다. 규칙성과 일관성에 대해 말하는 것이다. 특히 마침표를 제대로 세우지 못한 부모는 명심해야 한다. 처음 한두 번으로 모든 게 순조롭게 해결될 거라고 기대하는 것은 비합리적이다. 부모의 목적은 포기하지 않는 것이다. 즉 매번 상황이 조금씩 나아져 결국 원하는 지점에 이를 수 있도록 계속해서 신중함과 열의를 잃지 않는 것이다. 물론 그러기 위해서는 많은 노력이 필요하다. 그러나 도무지 통제할 수 없는 아이를 감당하지 못할 경우 학교 교장, 경찰, 심리 상담사 등 다른 많은 사람을 만나 해결해야 한다. 이런 여러 가지 일에 비하면 그 정도 노력은 별것 아니다.

> 부모 자신보다 자녀를 더 잘 통제하는 다른 사람은 어떻게 행동하는지 면밀히 살펴보자.

부모 자신이 아이의 선생님이고 아이가 제자라고 생각하면 도움이 될 수도 있다. 지금보다 좀 더 객관적이 되어라. 좀 더 냉철해지고 좀 더 엄격해지고 조금만 덜 요구하라. 부모 스스로 결코 포기하지 않을 것이며 그만큼 자신을 아끼기 때문이라는 것을 아이에게 보여줘라. 아이가 부모를 때리거나 밀치거나 이래라저래라 하거나 폭력적인 언어를 쓰거나 협박하도록 놔두지 말라. 그런 상황을 너그럽게 봐주면 아이는 전혀 귀엽지도 멋지지도 않은 사람으로 자랄 것이다. 두 살짜리 아이를 안아주었더니 자꾸만 엄마의 귀걸이를 붙잡고 늘어지려 한다면 곧바로 내려놓아라. 그렇게 하면 엄마가 아프다는 것을 분명하게 알려주어야 한다. 다섯 살짜리 아이의 손에서 뭔가를 빼앗으려 하는데 아이가 부모의 손을 찰싹 때린다면 그 즉시 단호하고 일관된 결과를 안겨주어야 한다.

아이의 세계를 엄격하게 관리하라. 의사소통을 통해 학교에서 일어나는 일과 가정에서 일어나는 일을 통합시켜라. 아이가 학교에서 문제를 일으켰을 경우 일관적이고 확고부동하게 대응할 수 있도록 한계와 결과를 마련해두어라.

아이가 어디에서 반항하고 나쁜 행동을 하든, 그곳이 가정이든 학교든 놀이터든 상관없이 그것을 심각하고 진지하게 받아들여라. 그리고 망설이지 말고 오래된 상식을 활용하라. 아이가 토요일 아침 부모한테 버릇없이 불손하게 굴었다면 왜 토요일 오후에 아이를 쇼핑몰까지 데려다주어야 하는가? 그것도 20달러나 되는 돈까지 줘가면서? 이렇게 무례하거나 폭력적이거나 비도덕적인 나쁜 행동에 보상을 해주는 것은 매우 위험하고 무모한 짓이다.

그리고 부모 자신의 상황을 솔직하게 평가하자. 아이의 행동이 얼마나 심각한가? 물리적 폭력이나 극단적 언어 폭력, 지나친 반항, 불법 행위, 이른바 반사회적 인격 장애(자기보다 어린 아이의 사탕을 빼앗는다거나 힘이 약한 아이들을 이용하는 것은 양심이 결핍되었음을 의미한다)의 초기 징후가 보인다면 전문가의 도움이 필요하다. 이럴 때는 주저 없이 도움을 청해야 한다. 그런 도움을 어디서 어떻게 받아야 할지 모르겠다면 아이의 교사나 학교 상담사, 의사, 성직자, 지역 사회의 다른 신뢰할 만한 사람들에게 자문을 구하라. 아이의 문제가 고쳐질 것처럼 보일지라도 저절로 문제가 해결되지는 않으므로 절대로 미루지 말라.

빠른 단서 하나. 오늘날의 부모는 예전보다 더 많이 더 힘들게 일한다. 온갖 기술과 풍요가 우리 삶을 더욱 쉽게 만들어주었음에도 불구하고 많은 부모들은 자녀와 함께 보낼 시간이 줄어들었다. 만약 부모가 바쁘거나 다른 일로 여념이 없거나 우울해서 아이가 부모의 관심을 끌기 위해 잘못된 행동을 한다고 느껴진다면 단호하고 분명한 것만으로는 해결책이 되지 못한다. 물리적으로나 감정적으로나 아이를 위한 시간과 공간을 더 많이 만들도록 하라. 무시당하는 아이는 자신이 사랑하고 의존하는 사람들 눈에 띄기 위해 과잉 행동을 하고, 어떤 일이라도 할 준비가 되어 있다. 부모에게서 더 많은 것을 얻고자 하는 아이로서는 당연한 반응이므로 아이에게 문제가 있는 것이 아니라는 지표로 받아들여야 한다.

수치심이나 모순적인 감정 때문에 어떤 조치를 취하거나 전문가의 도움을 받는 데 주저하지 말라. 버릇을 고칠 시간은 언제나 남아 있지만 점점 폭력적으로 혹은 도무지 손쓸 길 없이 자라는 아이를 돕는 것은 훨씬 다급한 문제다.

10

훈육을 행사하라

아이들이 작기 때문에 부모가 적절한 훈육을 어려워하는 것인지도 모른다.
P. J. 오록 P. J. O'Rourke

마침표와 한계에 대해 조금 더 이야기해보자. 그만큼 아이의 버릇을 잡는 데 중요한 문제이기 때문이다.

　아이들은 자신이 어디에서 끝을 내고 다른 사람은 어디에서 시작하는지 배울 필요가 있다. 한계는 아이가 스스로를 통제하고 가정과 지역 사회에서 조화롭게 살 수 있도록 해주는 기초적인 토대다. 한계가 어떤 역할을 하는지 살펴보자.

- 아이를 안전하게 지켜준다.
- 부모와 또래와 다른 사람들을 안전하게 지켜준다.
- 가정과 재산을 안전하게 지켜준다.
- 아이에게 어디까지 용인되고 어디까지 용인되지 않는지를 분명하게 보여준다.

- 부모가 아이의 분노와 거부 반응을 다룰 수 있다는 사실을 아이에게 보여준다.
- 아이가 가정 밖에서—학교와 놀이터와 사회에서—규칙과 법칙을 이해할 수 있는 토대를 마련해준다.
- 아이의 자제력과 인내심을 강화해준다.
- 충동을 파괴적 분노와 폭력이 아닌 놀이와 말로 배출할 수 있도록 가르쳐준다.
- 부모가 두려움 없이 자기 의무를 떠맡을 것이라는 사실을 아이에게 보여준다.

한계는 사람들이 살고 있는 이 세상에서 각자가 개별적인 존재임을 보여준다.

"안 돼. 엄마 지갑을 들여다보면 안 되는 거야. 이건 엄마 거야."

"그건 오빠 컵케이크잖아. 넌 네 것이 있잖니."

"아니, 난방 온도를 더 올리지는 않을 거야. 추우면 스웨터를 하나 더 입으려무나. 다른 사람들은 따뜻하거든."(물론 아이가 아프거나 피곤해서 그러는 거라면 난방 온도를 올려주는 게 너그러운 처사일 것이다.)

한계에는 또한 경계선과 사생활이라는 개념도 포함된다. 예컨대 부부 침실에서의 사생활을 보장하는 것이 건전하다. 많은 유아들이 부모의 침실과 서재, 휴대전화, 노트북을 자유롭게 사용한다(나는 부모들이 아이 손에 들린 자기 전화기를 꼴사납게 뺏으려고 애쓰는 모습이 보기 싫다). 부모가 정한 한계에 아이가 지나치게 분노하거나 차단당했다고 느끼는 것은 문제가 있다는 뜻이다. 아이들은 좌절감이나 거부감, 사랑받지 못한다는 느낌 없이 합리적인 한계를 받아들이고 다루는 데 익숙해질 필요가 있다.

그렇다면 부모의 사적인 공간은 어떠한가? 왜 부모는 매분마다 아이를 원하는 것일까? 아이는 부모의 재킷이나 바지에 매달리지 않고도, 부모와 한 몸이 되지 않고도 의자 하나를 공유하는 법을 배워야 한다. 아이가 손가락을 더듬거려 부모의 귀를 잡아당기거나 콧구멍을 찌를 때까지 기다리지 말라. 아이를 내려놓고 말하라.

"엄마랑 함께 앉아 있는 건 좋은데 찌르지는 마. 아프거든."

부모의 말과 행동이 순간적으로는 따끔할 수 있다. 그러나 아이가 다시 다가올 때 따뜻하게 맞아주며 동시에 확고부동한 한계를 정해주면 아이는 곧 부모의 무릎 위에서 편안함을 느낄 것이다.

아이가 할 수 없는 일과 하지 않으려 하는 일을 구별하자. 부모의 훈육과 버릇 잡기는 아이가 할 수 있으면서도 하지 않으려는 행동에 초점을 맞춰야 한다.

응석받이는 훈육을 받지 않고 성장한 경우가 많다. 그러나 훈육과 처벌은 같은 것이 아님을 부모는 명심해야 한다. 훈육, 한계와 경계 정하기, 기대치 갖기 등은 아이가 자기 조절 능력과 감정 표현, 문제 해결 능력 등의 기술을 배우고 개발할 수 있는 조건을 만드는 데 효과적이고

긍정적인 힘이다. 즉, 아이에게 자기 삶의 일차적 행위자라는 자격을 부여하는 것이다. 그러나 처벌은 아이를 통제하기 위해 부모가 사용하는 방법이다. 훈육은 분명히 더 효과적이고 세련되어야 한다.

여기서 버릇없는 아이들을 예방하고 고치기 위한 훈육 사용법 몇 가지를 제안하고자 한다.

공정하게 훈육하라

한 아이에게만 훈육을 집중하지 말라. 아이를 흥분시켜놓고 과잉 행동을 했다고 벌주지 말라. 혹시 시속 120킬로미터가 넘는 어마어마한 속도로 살아가면서 지나치게 자극을 받은 아이가 과도하게 굴면 벌컥 화를 내는 부모인가?

훈육이 아이가 저지른 잘못과 조화를 이루도록 세심하게 주의를 기울여라. 아이의 눈덩이에 대포알 연타로 받아친다면 뭔가 좋은 생각을 심어주기보다 오히려 분노와 상처만 안겨줄 것이다.

합리적으로 훈육하라

부모는 아이와 가정의 훈육 상태에 광범위한 책임을 져야 한다. 적절한 한계를 정하지 않은 것은 아이 잘못이 아니다. 일차적인 양육 수단으로 버럭 고함을 지르는 것도 아이 잘못이 아니다.

부모 스스로 좌절감을 느끼거나 짜증스럽거나 하루 일진이 나쁘다는 이유로 아이를 훈육하지 말라. 올바른 훈육은 충분한 이유가 있을 때 하는 것이다.

분명하게 훈육하라

부모 스스로 무엇을 원하는지 똑똑히 알아야 한다. 분명치 않은 한계를 강제할 수는 없다. 부모가 정한 한계를 행동 차원의 개념으로 진술하라. "착하게 굴어라"나 "엄마를 화나게 만들지 마"는 지나치게 애매모호하다. 대신 이런 건 어떨까?

"다음 숙제를 시작하기 전에 미술 숙제 하던 걸 깨끗이 치우면 좋겠구나."

학교에서 선생님이 학생들에게 어떻게 말하고 학생들은 어떻게 반응하는지 떠올려보자. 아이가 제대로 이해할 수 있는 말과 언어를 써야 한다. 그리고 아이가 부모의 말을 받아들일 시간을 주고 제대로 알아들었는지 확인해봐야 한다.

개별적으로 훈육하라

대다수 아이들에게 적용할 수 있는 훈육과 버릇 잡기의 기본이 있기는 하지만 구체적인 상황과 아이의 본성 및 발달 단계 등에 따라 훈육의 형태는 달라질 수 있다. 어떤 아이는 부모의 못마땅한 표정으로도 충분하지만 어떤 아이는 좀 더 적극적인 훈육이 필요하기도 하다. 어떤 아이는 한 번에 부모의 말을 알아듣지만 어떤 아이는 더 오랜 시간이 걸릴 수도 있다.

일관성 있게 훈육하라

일관성 있는 훈육은 대체로 같은 잘못에 대해 같은 방식의 훈육을 규칙적으로 행한다는 뜻이다. 물론 일관성 있는 훈육이라고 해서 로봇 같은 정밀함을 요구하지는 않는다. 두 사람의 부모 혹은 양육자가 완전히 똑같을 수는 없다. 다만 부모의 분노 때문에 불가능한 일을 강제하거나 훈육의 강도를 높이는 일이 없도록 주의하라.

분별 있게 훈육하라

분별 있는 양육이란 사려 깊고 충분한 이유를 갖춘 양육을 말한다. 분별 있는 부모는 자신의 양육법을 이해하려고 애쓴다. 건강하고 시의적절하며 효과적으로 훈육하고자 노력한다. 좌절감에 빠져 자기 자신을 원망하기보다 실수를 통해 배우고 새로운 가능성을 찾고자 노력한다. 훈육을 최대한 이용하려 하고 무익하거나 해로운 것은 피하려 한다.

온정적으로 훈육하라

온정은 훈육이 지닌 비장의 카드다. 부모는 종종 분노와 위협으로 훈육을 뒷받침해야 한다고 오해한다. "이제 넌 끝났어!"라며 무서운 얼굴로 매몰차게 말한다. 그러나 효과적인 한계와 결과를 정해놓으면 굳이 화를 낼 필요가 없다. 한계를 정하고 이를 지키면—그리고 일단 분노와 상처가 가라앉으면—다정함과 공감하는 마음을 드러내라.

관용으로 훈육하라

잘못된 행동을 하고 이로 인해 훈육을 받은 것에 대해 아이가 진심 어린 감정을 느낄 수 있도록 여지를 남겨두자. 아이가 사과를 하고 행동을 고칠 수 있도록 하자. 울면 울게 놔두자.

한계와 훈육을 통해 아이는 부모로부터 최선의 것을 이끌어낼 수 있다. 아이들이 좀 더 바르게 행동할수록 부모도 더 좋은 감정, 공감, 존중으로 아이를 대할 수 있기 때문이다.

부모의 관대함이 원칙의 문제인지, 혹은 다른 문제인지 자기 자신에게 물어보자.

11

더 이상 자신을
해명하지 말라

자식에게 사과를 한 번도 해보지 않은 부모는 괴물이다.
반면, 부모가 매번 사과를 한다면 그 자식이 괴물이다.
미뇽 맥로플린 Mignon McLaughlin

지금까지 우리는 자신의 문제를 인정하고 그 해결책에 전념해왔다. 도움 안 되는 양육 습관을 버리고 아이의 관심을 붙드는 방법을 배웠다. 한계를 정하고 아이의 버릇없음에 전쟁을 선포했다. 부모로서 진심을 보여주었고 아이도 그것을 이해할 것이라 믿는다. 그런데 아이는 부모가 이 전략을 계속 유지할 만큼의 힘과 배포가 있는지 궁금해한다. 아이는 약간 걱정도 되지만 당황하거나 굴복하지는 않을 것이다. 효과적인 초기 단계는 잠을 깨우는 '모닝콜' 같은 역할을 할 뿐이다. 그렇다면 지금은 어디까지 와 있는 것일까? 이제 법정 드라마는 텔레비전 속에 그대로 놔두고 법정을 떠날 때다.

나 역시 예외가 아니지만 오늘날의 부모는 자녀와 대화를 많이 나누는 편이다. 이전 세대와 비교하면 여러모로 좋은 변화다. 많은 아이들이 소중한 경험과 고민거리를 부모에게 털어놓는다. 이는 분명 축복이다. 그러나 대화를 하면서도 요즘 부모는 자신의 권위를 불편해하는 경향이 있다. 자녀에게 무엇을 하라고 직접 요구하지 못한다. 요구 사항은 질문이 되어버리고, 질문은 보궐 선거가 되어버렸다.

놀이터에서 있을 법한 "그 막대기 이리 내"라는 말이 어떻게 변형될 수 있는지 살펴보자.

"애야, 엄마가 그 막대기 좀 가져가도 될까?"

"그 막대기 엄마한테 주면 안 되겠니?"

"그 지저분한 낡은 막대기 말고 이 삽을 갖고 노는 게 훨씬 더 낫지 않을까?"

그러나 아이의 행동은 이렇게 말한다.

싫어, 싫어, 정말 싫어.

"그 막대기를 엄마한테 줄 수 있겠니? 그러면 우리 같이 사탕 사러 갈 거야."

이제야 조금 말이 통하는군요.

"착하지? 잠깐, 잠깐만. 이리 와서 당장 그 막대기를 엄마한테 주지 않으면 사탕 사러 안 갈 거야."

난 조금 더 나은 거래를 원한다고요.

"그 막대기를 당장 내놓지 않으면 사탕 가게에 가서 딱 하나만 사줄 거야."

한 개를 말하는 거예요, 한 봉지를 말하는 거예요?

"한 가지 종류의 사탕 한 봉지만 사줄 거야."

하지만 난 휘슬 팝도 먹고 싶어요.

"그렇다면 지금 당장 그 막대기를 엄마한테 건네는 게 좋을 거다."

뱀 모양 젤리는요?

"좋아! 뱀 모양 젤리도 사줄게. 아유, 우리 딸 착하기도 하지."

그 이상이죠.

이제 중요한 순간이다. 시간이 흐를수록 부모가 왜 분노와 좌절감과 무력감을 느끼는지 이해할 수 있을 것이다.

"제기랄! 당장 그 막대기를 내놓지 않으면……."

아이, 깜짝이야! 처음부터 그냥 막대기를 달라고 말하지 그랬어요?

아이는 이런 의문을 품는다.

이 이야기의 요점은 무엇일까? 꼬마 검사의 자격을 박탈할 때다. 앞으로는 아이한테 자기 방을 치우라고 시키기 위해 스물여섯 가지나 되는 이유를 제시하지 말라. 왜 비디오 게임을 그만두어야 하는지 반복해서 설명하지도 말라.

아이들은 대기업과 똑같은 방식으로 부모와 논쟁을 펼친다. 둘 다 불가피한 결정과 처벌처럼 보이는 것들은 한사코 미루려 한다. 아이는 취침 시간에 대해 질문을 던지고 논쟁을 벌이고 반항하는 동안에는 적어도 잠을 자지 않아도 된다. 싸움 자체만으로 만족스러운 것이다.

부모와 아이가 서로 뿔을 걸고 대치하는 동안 흡사 민사소송 같은 격론이 벌어진다. 옳지 못한 행동을 저지른 쪽에 소송을 제기하면 그 사람은 사소한 일마다 걸고 넘어지며 상대방의 힘을 약화시키고 자원을 축내고 결단력을 훼손하며 소송 자체를 질질 끌기 위해 최선을 다할 것이다. 그렇다면 소송 상대자인 아이는 얼마나 오래 부모를 공격할 수 있을까? 아마도 하루 23시간 59분? 소송 상대자는 자신이 사람들을 지치게 만들 수 있다는 것을 경험적으로 알고 있다. 그들의 목적과 바람은 무엇일까? 상대방이 지치고 시들해져 결국 소송도 조정도 포기해버리는 것이다. 그러므로 잘못을 저지른 쪽에게 조정이란 체면과 돈 모두를 쟁취한 승리를 상징한다.

이와 마찬가지로 아이는 끝까지 부모와 싸움을 벌인다 해도 잃을 게 거의 없다. 질 경우 자러 가거나 양치질을 하거나 장난감을 치우면 된다. 설마 그 정도가 아이에게 일어날 수 있는 최악의 것일까? 반면 부모는 아이와 다툼을 벌임으로써 어떤 위험에 처할까? 거의 모든 것, 예를 들면 자존감과 자신감 등이 위험에 빠질 수 있다. 잠을 못 이루고 두통에 시달리는 것은 물론이다. 만약 부모가 이긴다면 무엇을 얻을 수 있을까? 처음부터 제대로 된 소송을 했다면 얼마나 좋을까 하는 후회 말고는 아무것도 없다.

아이와 합법적인 싸움을 벌일 때마다 부모는 거듭 싸움을 하고자 하는 아이의 의지만 강화시킬 뿐이다. 아이는 점점 강해지고 능숙해진다. 아이의 협상 기술과 취향은 점점 세련된다. 그리고 가장 끔찍한 것은 긴 소송 끝에 부모가 굴복할 경우 아이는 몹시 위험한 (당연히 부모에게도 위험한) 교훈을 배운다는 것이다―부모를 상대할 때는 결코 약해지지 말 것. 끝까지 고집을 피우면 결국 부모가 지쳐 떨어지고 자신이 승리하리라는 것을 아이는 충분히 경험해왔기 때문이다.

만약 딸아이가 부모를 심문한다면 어떻게 해야 할까? 절대로 아이의 룰에 말려들지 말라. 아이를 판사이자 배심원으로 만드는 사람은 누구인가? 바로 부모다. 아이의 질문에 대답하지 말라. 자꾸 자기 자신을 해명하지 말라. 아이 앞에서 자신의 양육을 합리화하지 말라. 어쩌면 이렇게 말해야 할지도 모르겠다(내가 이런 말을 하게 되다니, 나조차도 믿을 수가 없다).

"나는 부모니까 이렇게 말하는 거야."

이런 식의 명백하고 정확한 말은 교사들이 전문이다.

"과학책 꺼내요. 16쪽 펼쳐요. 두 번째 단락부터 읽어요."

애매모호함도 혼란도 다른 해석의 여지도 없다. 선생님이 "누구도 말하지 마세요"라고 말하면 아이들은 무엇을 어떻게 해야 하는지 그냥 안다. 교사가 대부분의 부모처럼 행동한다면 어떤 혼란이 빚어질지 상상이나 할 수 있겠는가?

"너희들 그만 떠들면 안 되겠니?"

"과학책이나 그리기 책을 꺼내는 게 어떨까?"

교사가 수줍어하며 다정한 목소리와 몸짓으로 다음과 같이 말하면 어떤 혼란이 벌어질지 한 번 상상해보자.

"얘들아, 선생님은 누구도 선생님 책상 주변에 몰려드는 걸 원하지 않아요."

잠시 후, 교사의 무릎은 아이들로 넘쳐날 것이다.

부모 자신을 아이들과 함께 교실에 있는 교사라고 상상해보자. 선생님의 명백함, 직접성, 기대치 등을 한 시간 남짓 따라 해보고 어떤 결과가 생기는지 지켜보자.

부모는 종종 완전히 습관적이고 자동화된 위험한 대화의 틀을 형성한다. 모든 것을 질문 형태로 던질 뿐만 아니라 모든 충격을 완화하기 위해 "얘야", "우리 아들", "우리 딸" 같은 용어를 사용하기도 한다.

"우리 아들, 이리 와서 저녁 먹지 않으련?"

그러면 아이는 이런 반응을 보인다.

"엄마가 제 방까지 가져다주면 좋겠어요. 그러면 아무런 불편 없이 게임을 계속할 수 있잖아요."

또 이렇게 말하는 부모도 있다.

"아이스크림을 먹기 전에 당근을 좀 먹으면 어떨까?"

그러면 아이는 이렇게 말한다.

"싫어요. 아이스크림만 먹을 거예요."

더 이상의 질문은 필요 없다. 더 이상 해명할 필요도 없다.

일단 멈춰 서서, 주위를 둘러보자. 집 안에 가만히 앉아 있는 동안에도 수많은 양육이 분주하게 벌어진다. 우리는 음료수병을 쥐듯이 양육한다. 동시에 세 가지 다른 일을 생각하고 행동하면서 양육한다. 동양

철학자들의 말대로 자신의 양육에 대해, 특히 아이에게 말하는 법에 대해 좀 더 '마음을 써라.'

더 이상 자신을 해명할 필요는 없다. 그러니 해명하지 말라. 생각해 보라. 우리는 부모다. 교육을 받은 성인이고 성생활을 하고 있으며 운전 도중 나무를 들이받은 적이 있고 주식을 샀다가 돈을 잃은 적도 있다. 그러나 아이는 아직 유치원도 마치지 않았다. 그런 아이가 무엇을 알고 있겠는가? 소송은 끝났다.

부모의 기대치와 바람을 전달할 때는 질문보다 평서문으로 말하는 연습을 하자.

12

권력을 회수하라

저녁으로 뭘 먹고 싶은지는 오직 아이가 돈을 낼 때만 물어보라.

프란 레보위츠 Fran Lebowitz

아이의 버릇을 망치는 확실한 비결은? 어떤 일이든 단 몇 초도 아이를 기다리게 하지 않으면 된다. 아이가 팔을 들어 올리면 그 즉시 안아주어라. 아이의 컵이 완전히 비기 전에 주스를 채워주기 위해 부엌으로 달려가라. 아이가 질문을 던지면 곧장 대답하라. 그게 배우자를 무시하는 꼴이 되더라도. 아이가 요구하기 전에 원하는 것을 알아맞힐 수 있다면 금상첨화다. 아이는 더 중요한 일을 하기 위해 에너지를 아껴둘 것이다. 예를 들면 너무 늦게 대답했다는 이유로 부모를 호되게 꾸짖는다거나 하는 일을 위해.

집 안의 주인 노릇을 하는 아이들이 있다. 이런 아이들은 집 안에서 일어나는 모든 일에 대해 최종 결정권과 거부권을 갖고 있다. 가족이 언제 어디서 무엇을 먹을 것인지, 가족이 언제 누구와 잘 것인지, 텔레비전은 무엇을 볼 것인지, 외식은 어디서 할 것인지 등을 결정한다. 실제로 부모가 테이블에서 어느 자리에 앉고 서로 이야기를 나눌 수 있는지 여부까지 독재권을 행사한다. 심지어 부모가 어떤 자동차나 어떤 집을 구입할지에 대해서까지 깊이 관여하는 어린 아이들 이야기를 들은 적도 있다.

이제 부모로서 강력한 영향력을 행사하라. 아이가 간섭할 틈이 전혀 없도록 부모가 모든 것을 결정하라. 만약 어린 자녀에게 여러모로 가치 있는 좋은 집을 한 채 보여주고 부모 침실에 커다란 아이 침대가 있는 또 다른 집을 보여준다면 아이는 어떤 집을 선택할 것 같은가?

집 안의 통치 구조를 바꿔라. 완벽한 민주주의는 없다. 아이들은 진정 자신을 위해 제대로 된 투표를 하지 못한다. 아이에게 가장 이로운 게 무엇인지 잘 아는 부모도 때로는 호의적인 독재자가 될 필요가 있다.

아이의 연령을 고려해 어떤 결정에 참여시킬 수는 있다. 예를 들어 학교 갈 때 입을 옷을 고르는 것이나 읽을 책을 고르는 것은 아이가 결정할 수 있다. 그러나 '필요한 일'과 '원하는 일'을 구별하는 법을 배워야 한다. 필요한 것에 대해서는 그 말이 지닌 좀 더 큰 발달상의 의미에 입각해 생각하도록 해야 한다. 간식을 향한 아이의 간절한 바람은 아무리 강력해도 결국은 '원하는 것'이다. 음식과 물은 신체적으로 '필요한 것'이다. 울컥 폭발하지도 않고, 사랑받지 못한다며 서운해하지도 않고, 뭔가를 빼앗겼다며 상대방을 공격하지도 않고, 참을성 있게 기다리는 법을 배우는 것은 절대로 무시하거나 미룰 수 없는 발달상 '필요한 것'이다.

지배력을 행사하고자 하는 아이의 바람을 인정해주는 것은 괜찮다.
"너는 엄마 아빠가 빨간색 자동차를 사면 좋겠다고 생각하는구나."

그러나 소원을 들어주지 못해 미안하다고 사과하거나 다음에는 꼭 아이의 소원대로 하겠다고 약속하지 말라. 또 아빠가 갈색 트위드 재킷을 입으면 더 멋질 것 같다는 아이의 말을 들어주기 위해 자신의 외모를 망치지도 말라. 어쩌면 아이는 꽤 특별한 지위를 지닌 시민인지도 모른다. 의견은 자유롭게 개진할 수 있지만 투표권이나 거부권은 누릴 수 없는 시민 말이다.

중대한 결정을 내릴 때에는 아이를 참여시키지 않는 게 좋다.

비유하자면, 아이에게 자동차 열쇠를 넘겨주었다고 해서 돌려받지 못하는 것은 아니다. 아이를 모든 요구를 반드시 충족시켜줘야 하는 왕처럼 대우하지 말라. 부모에게 요구하고 싶으면 정중하게 말하라고 가르쳐라. 자기 차례가 올 때까지 혹은 부모가 편리한 시간까지 기다리게 하라. 우유를 세 잔째 마시는 일이 뭐 그리 다급하단 말인가.

부모가 방식을 바꾸면 아이도 따를 것이다(물론 소란과 저항이 반드시 뒤따르겠지만). 부모는 과거처럼 손발이 다 묶인 무력감을 느껴서는 안 된다. 사려 깊은 양육은 지속적인 재평가와 교정이 필요하다. 아이가 절대로 변해서는 안 된다고 말하는 것은 부모 입장에서는 반드시 바꿀 필요가 있다는 뜻이다.

극단적인 예를 하나 들어보자. 어떤 부모가 여덟 살짜리 아이에게 십대 사촌들과 함께 채석장 웅덩이에서 수영을 해도 좋다고 허락했다. 그러나 다른 부모의 말을 들어보니 아무래도 자신이 실수를 한 것 같았다. 이때 아이에게 좀 전의 결정을 취소한다고 알리는 것은 괜찮을 뿐만 아니라 불가피하다. 쉬운 예지만 여기엔 논리가 담겨 있다. 부모의 양육 자세가 바뀐 걸 합리화하기 위해 아이 목숨을 위험에 빠뜨려서는 안 된다는 것이다.

청소년인 자녀가 계속 자동차 사고를 일으키는데도—술과 과속, 무모함 때문에—부모가 자동차를 고쳐주고 하늘 높이 치솟은 할증 보험료를 부담해준다는 이야기를 들을 때마다 깜짝 놀란다. 아이에게 권총은 왜 안 사주는지? 부모는 아이에게서 자동차 열쇠를 돌려받을 수 있다. 말 그대로나 비유적으로나.

가족 안에서 연령에 적합한 권력을 쥐어주는 것은 아이의 발달 과정에 맞을 경우 책임감을 가르쳐주는 좋은 방법이다. 아이가 학교 공부와 책임을 능력과 나이에 알맞게 감당하는 것도 좋은 일이다. 부모는 종종 이런 책임 때문에 아이가 자신감과 성공, 탄력성을 발달시킬 수 있는 경험을 빼앗긴다고 생각한다. 어린 아이로 하여금 가능하면 일찍부터 스스로 세수하고 혼자 화장실에 가도록 하는 것이 좋다. 그러나 어른이 해야 할 결정을 내리게 하거나 부모의 막역한 친구가 되게 하거나 부모의 행복을 좌우하는 권력을 부여한다면 아이에게는 지나치게 큰 부담이 될 수밖에 없다.

지나친 권력을 부여받은 아이는 나이보다 어른스러워 보일 수 있다. 하지만 이는 어린 시절 스스로 성장할 기회가 없다는 뜻이므로 다른 면에서는 미성숙하고 고통스러울 수도 있다. 마음대로 하도록 키운 아이들을 생각해보라. 세상물정에 밝고 거칠고 또래보다 훨씬 어른스럽고 실제로 그렇게 살고 있을지도 모른다. 그러나 내면은 미성숙해서 어른들의 삶에 제대로 적응하지 못한다.

영국의 엘리자베스 여왕은 어린 시절을 어떻게 보냈을까? 모르긴 해도 가정에서 제자리가 어디인지 아는 아이였을 거라고 자신 있게 말할 수 있다. 그게 왜 중요할까? 우리는 아이들을 진짜 왕보다 더 왕답게 대해야 한다. 우리 아이들이 진짜 왕다운 양육을 받을 자격이 없단 말인가?

부모가 판단하기에 아이에게 심어줘도 좋은 일과 그래서는 안 되는 일을 목록으로 정리해보자.

13
맹점을 극복하라

부모의 기쁨은 은밀하다. 슬픔과 두려움도 마찬가지로 은밀하다.
프랜시스 베이컨

"자녀를 죽을 만큼 사랑하라"는 말은 이상한 표현이다. 그러나 부모라면 이게 무슨 뜻인지 금세 안다. 때로 부모가 아이를 향해 느끼는 사랑은 말로 할 수 있는 것 이상, 감당할 수 있는 것 이상이다. 나와 상담을 했던 섬머 역시 그런 감정이 뭔지 잘 알고 있는 엄마였다.

섬머는 아이들을 몹시 사랑했다. 가족을 돌볼 줄 모르고 걸핏하면 학대를 일삼던 남편과 이혼한 뒤 아이들과의 삶을 제대로 꾸려보고 싶었다. 아이들이 깨져버린 가정에서 자라는 걸 원치 않았기에 섬머는 너무 오랫동안 전남편과 함께 살았다. 아이들을 위해서라면 못할 일이 없었다. 피곤하거나 아프거나 할 일이 있거나, 섬머는 늘 아이들의 요구를 앞세웠다.

섬머는 사탕과 빵과 장난감이 든 가방을 들고 나를 찾아왔다. 그녀는 아침 일찍 일어나 하트 모양의 팬케이크를 굽고 가끔 아이들의 점심 도시락에 깜짝 놀랄 만한 선물을 넣어주는 엄마였다. 또한 아이들에게 예산을 초과하는 생일 선물과 크리스마스 선물을 사주었다.

"아이들에게 좋은 아빠를 주지 못했으니까, 제가 할 수 있는 한 모든 것을 주는 게 최소한의 도리라고 생각해요."

그러나 빚이 감당할 수 없을 정도로 늘어나자 섬머는 생활 방식을 바꿀 수밖에 없었다.

이런 섬머를 비난하기란 참 쉽다. 아무리 많은 선물과 장난감을 안겨줘도 깨져버린 가족을 대신할 수 없다는 것을 이해하기 위해 굳이 프로이트까지 들먹일 필요는 없다. 부모 가운데 그런 충동을 모르는 사람이 어디 있겠는가? 아이를 웃게 만들 뭔가를 주거나 아이의 주의를 돌려서라도 불행을 잊게 하고 싶은 그 소망을.

섬머 같은 부모가 아이들의 응석을 받아주는 것은 그들이 겪은 어린 시절이나 양육에 관한 직접적인 반응이다. 많은 부모가 어린 시절 늘 '안 돼'라는 말을 들었기 때문에 '응'이라고 말해주고 싶다고 말한다. 그들은 무의식적 분노보다 아이들의 기쁨과 영혼을 고양시키려는 의식적 선택에 따라 더욱 응석을 받아주고 선물이나 관심, 애정을 쏟아 붓는다. 자신은 결코 누릴 수 없었지만 아이들에게는 원하고 요구하고 갖고 즐기는 능력을 키워주고 싶어 한다. 이처럼 자신을 위해서는 절대로 그렇게 하지 못하면서 아이들의 응석을 받아주고 돈도 맘껏 쓰는 부모를 흔히 볼 수 있다.

과거에서 비롯된 양육 상의 맹점이나 편견이 없는 부모는 없다. 그러한 맹점을 완전히 제거하는 것이 우리의 목적은 아니다. 인간이기 때문에 맹점도 있는 법이다. 우리의 목적은 양육에 장애가 되지 않도록 그 맹점을 제대로 파악하고 주의를 기울이는 것이다.

부모가 아이의 버릇을 망치기 좋은 이유는 수없이 많고 아이들의 성향만큼이나 다양하다. 부모가 자기 이해에 사로잡혀 버릇 잡기에 방해되는 일이 없도록 하는 게 중요하다. 부모의 발목을 잡는 구체적인 상황이 존재한다면 가능한 한 해결책을 찾는 것이 부모와 아이 모두에게 이롭다. 다음에 이어지는 내용은 그동안 내 진료실에서 만난 부모들이 들려준 '아이의 버릇을 망치기 좋은 보편적인 이유'와 그에 따른 간단한 조언이다.

너무 피곤하다
휴식을 취하거나 낮잠을 자는 등 자신의 건강을 우선하라.

뭘 해야 할지 모르겠다
이 책 같은 양육서를 읽고 배워라. 다른 부모들과 대화를 나누고 전문가나 긍정적인 양육을 중시하는 교회나 지역 사회에 도움을 구하라. 양육은 기술이다. 기술은 배우고 연마할 수 있다.

나 자신의 화가 두렵다

버릇 잡기의 개념을 지속적으로 생각하고 더욱 잘 이해하도록 하자. 버릇을 망치지 않고 아이 키우는 능력을 키울수록 분노도 줄어들 것이다. 혹시 자녀를 향한 학대나 폭력이 고민이라면 전문가의 도움을 구하라.

아이의 사랑이나 우정을 잃을까봐 두렵다

부모는 아이의 사랑이나 우정을 잃을 위험이 없다. 무엇이든 이 문제를 극복하는 데 도움이 되는 방법을 사용하라. 강력한 양육을 할수록 부모를 향한 아이의 애착과 사랑은 강화된다.

내 부모에 대한 반감 때문에 아이의 버릇을 망치고 있다

당장 멈추어라. 상담 치료를 받거나 양육 모임에 가입하거나 다른 부모나 친구들과 함께 자신의 감정을 공유하는 등 좀 더 좋은 방법으로 자기감정이나 분노를 다루도록 하자. 부모 자신의 어린 시절과 공허한 싸움을 하기 위해 현재 아이에게 필요한 것을 희생해서는 안 된다.

내 일에 심취해 있다

부모가 일을 해야 하는 것은 어쩔 수 없다. 다만 부모가 일중독에 빠진 사람이라면 그만큼 아이들이 무거운 희생을 치르고 있음을 알아야 한다. 그들은 일에 관해서라면 모두를 위해, 혹은 모든 것을 위해 어떻게든 시간을 낸다. 같은 정도의 재능과 노력을 아이의 버릇 잡기와 양육에도 사용하라. 죽기 직전 유일하게 후회하는 것이 일을 조금밖에 못한 것이라고 말하는 사람은 단 하나도 없다는 오래된 격언을 생각해보라.

아이의 자존감이 다칠까봐 두렵다

이 정도까지 읽었다면 내가 무슨 말을 할지 알 것이다. 부모의 지나친 관대함이 그 어떤 훈육보다 아이의 자존감에 문제를 일으킬 가능성이 훨씬 크다.

결혼생활에 문제가 있다

도움을 구하라. 아이들은 부모를 필요로 한다.

홀로 아이들을 키우고 있다

어려운 문제다. '싱글 맘'은 너무도 많은 일을 어깨에 짊어 지고 있다.

그래서 나도 "그냥 해야 할 일을 하면 됩니다"라고 말하기가 결코 쉽지 않다. 구체적으로 어떻게 해야 하는지 혹은 더 많은 시간, 더 좋은 자원, 세 번째 팔을 어디서 찾아야 하는지에 대해서는 말해줄 수 없지만 아이의 버릇 잡기가 가정생활을 더욱 행복하게 만들어줄 것이라고는 장담할 수 있다.

죄책감이 든다

죄책감을 더 좋은 쓰임새로 전환시켜라. 죄책감 때문에 아이의 응석을 받아주지 말고, 오히려 버릇 잡기의 에너지원으로 사용하라. 아이들에게 정말 필요한 것은 바로 그것이다. 죄책감에 대한 가장 좋은 해결책은 좋은 부모가 되는 것이다.

아이의 버릇을 망치면서 무의식적으로 기쁨을 느낀다

어떤 부모는 자신이 제대로 보살핌을 받으며 자라지 못한 것에 대해 깊은 고통과 상실감을 느끼고 있다. 요컨대 그런 상처를 상쇄하는 하나의 방식으로 자기 자식의 버릇을 망치는 것이다. 이런 문제에 대해 깊이 생각해보거나 일기를 써보라. 혹은 다른 사람이나 심리 상담사와 대화를 나눠보자.

아이에게 삶을 즐기는 법을 가르쳐주고 싶다

몹시 엄격하거나 너그럽지 않은 가정에서 자란 부모는 자녀에게 본인은 결코 누리지 못했던 방식으로 원하는 법, 갖는 법, 즐기는 법을 가르쳐주고 싶어하는 경향이 있다. 너무 지나쳐서 버릇을 망칠 정도가 아니라면 괜찮다.

치료사나 상담사와 대화를 나누면 위와 같은 문제를 해결하는 데 도움이 될 것이다. 그러나 부모와 아이 모두 버릇을 망치는 이유, 의식 깊은 곳에도 의식 밖 먼 곳에도 존재할 수 있는 이유를 제대로 들여다볼 수 있는 통찰력이 생길 때까지 기다릴 여유가 없다. 이런 이유들을 밝혀내기 위해 정신분석을 받을 수도 있겠지만 정신과 소파에서 몸을 일으킬 때쯤이면 아이는 벌써 다 자라 부모 곁을 떠나 있을 것이다. 그러므로 일찍 시작하는 것이 좋다.

버릇 코칭은 과거를 곱씹는 게 아니라 아이의 미래에 초점을 맞추는 일이라는 것을 명심하자.

앞서 말했듯이 '원하는 것'과 정말로 '필요한 것'을 반드시 구별해야 한다. 아이들은 장난감이나 사탕을 몹시 원할 수 있다. 그러나 장난감과 사탕은 필요한 것이 아니다. 아이들이 필요로 하는 것은 사랑, 자극, 보살핌 같은 것들이다. 또 아이들은 한계, 체계, 기대치 같은 것들도 필요로 한다. 아이들을 지극히 사랑해서 원하는 것을 맹목적으로 충족해주는 부모는 자신도 모르게 아이들이 필요로 하는 것을 부정하는 것일지도 모른다.

예를 들어, 아이가 요구하는 것을 매번 사준다면 좌절감을 참아내고 인내심을 배울 발달상의 필요를 박탈하는 셈이다. 늘 안기려는 아이의 소망을 한 번도 꺾은 적이 없다면 아이에게서 독립성과 자아실현의 기회를 빼앗는 것이다. 모든 문제에 대해 신속한 해결책을 안겨준다면 아이는 자급자족 능력과 탄력성이 필요하다는 사실을 부정하게 될 것이다. 요컨대 부모는 아이를 위해 모든 것을 해줄 수 있지만 그럼으로써 오히려 아이가 어른이 되어 이 세상을 살아가는 데 어려움을 느끼게 할 뿐이다.

섬머가 하트 모양의 팬케이크를 굽고 아이들의 점심 도시락에 깜짝 선물을 넣어준 것처럼 아이들에게 자신이 사랑받고 있는 특별한 사람이라는 느낌을 주는 것 자체가 잘못이라는 얘기가 아니다.

아이들은 사랑받는다고 느낄 자격이 있으며 그와 같은 양육은 건전할뿐더러 높이 살 만하다. 그렇게 사랑이 깃든 관심을 받을 때 아이들은 자신이 매우 중요한 존재라는 것을 마음 깊은 곳에서부터 알 수 있다. 또 그럴 때 자신이 이 세상에서 몹시 귀중한 존재라는 진심 어린 확신을 느낀다. 직접 빵을 굽고 아이들의 하루를 기쁘게 만들기 위해 노력하는 부모는 마땅히 칭찬받아야 한다.

섬머가 아이들의 버릇을 망친 것은 스스로의 건전한 판단력에 거슬릴 때에도, 자신이 몹시 지쳤을 때에도, 심지어 예산을 훨씬 초과하는 때에도 아이들에게 '주지 않는 것'을 제대로 못했기 때문이다. 오래된 격언처럼 지나침은 모자람만 못하다.

버릇 코칭은 점점 쉬워지고 능숙해지고 편안해질 것이다. 그러면 아이들 또한 부모의 버릇 잡기를 시험해볼 필요성이 점점 줄어들 것이다.

14

입장을 고수하라

자녀 양육은 반은 기쁨, 반은 게릴라전이다.
에드 애스너 Ed Asner

여러분은 지금까지 아이 버릇 코칭을 잘 해왔을 거라고 믿는다. 얼마나 잘 해왔는지 확인해보기 위해 다음 퀴즈를 풀어보자. 당신은 아직 어린 둘째의 건강 진단을 받기 위해 소아과에 갔다가 걸어서 집으로 돌아가는 중이다. 터울이 얼마 나지 않는 큰애가 어제 개업한 동네 장난감 가게에 들러 구경을 하자고 조른다. 동생 때문에 병원까지 따라가 지금껏 기다려줬으니 그 정도 자격은 있다고 주장한다. 당신은 큰애에게 뭐라고 말할 것인가?

    a. "정말 좋은 생각이다! 어제 구경했는데, 그사이 또 새 장난감이 들어왔을지도 모르잖아?"
    b. "당연히 그래야지. 동생을 5분이나 기다려줬는데, 그 정도 특별대우는 받아야 마땅하지."

c. 지갑을 확인해보고 말한다. "좋아. 하지만 엄마는 지금 40달러밖에 없어. 돈이 더 생길 때까지 기다려주면 안 되겠니?"

d. "네가 그러길 엄마도 바라고 있었단다."

e. 위 대답 모두.

요점을 강조하기 위해 몹시 냉소적인 보기를 제시했다. 버릇 망치기와 버릇 잡기 문제는 낡은 습관으로 퇴보하기가 참 쉽다는 것을 우리는 경험으로 알고 있다. 능력도 있고 영리한 사람이 아이를 갖게 되면 처음에는 온갖 종류의 제한을 설정하기 위해 노력하다 결국 흐지부지되는 모습도 많이 봤다. 이 퀴즈에 대해서도 다들 저마다의 정답을 찾아낼 수 있을 거라고 생각한다. 어쩌면 정답은 아이의 착한 행동을 긍정적으로 인정해주면서 동시에 그 행동이 꼭 물건의 구입으로 보상받을 필요는 없다는 것을 알려주는 것일지 모른다. 혹은 이런 모습이 아닐까? 요컨대 아이한테 이렇게 말하는 것이다.

"아까 병원에서 차분하게 기다리려고 무척 노력한 것, 정말 고마워. 네가 진료를 받으러 간 것도 아니었는데 말이야."

<u>양육만큼 마무리가 중요한 영역도 없을 것이다</u>(아마도 볼링을 제외하고). 그동안 살펴보았듯이 게으른 손과 마음만큼 게으른 위협도 위험하다. 게으른 위협은 어떤 교훈을 가르쳐줄까? 분명한 것은 우리가 허풍을 많이 부리고 말을 많이 앞세운다는 점이다. 마무리를 하지 않는 것은 흡사 중요한 서류를 입력하고 저장하지 않는 것과 같다. 우리의 노

력을 저장하지 않는다면 마치 전혀 존재조차 하지 않았던 것처럼 사라지고 말 것이다.

부모가 7일 동안 엑스박스를 빼앗는다면 일주일 내내 아이는 게임기를 조금만 더 일찍 돌려달라고 온갖 감언이설로 아부를 하고, 착한 짓을 하고, 협박까지 할 것이다. 어찌 보면 크나큰 교훈을 깨달은 아이 같기도 하다. 그럴 때 약속보다 일찍 벌을 무마하고 빼앗았던 물건을 미리 내주는 것은 참으로 쉽다. 하지만 절대 그러지 말라!

5일째나 6일째에 굴복하면 아이에게 최후의 순간까지 부모를 긁고 할퀴라는 가르침만 전해줄 뿐이다(아이들이 부모를 긁고 할퀴느라 바쁘면 당연히 깊이 성찰할 시간은 많지 않을 것이다). 아이가 잘못을 저질러 최소 7일간의 형량을 마쳐야 한다고 생각하라. 7일간의 형량은 반드시 지켜야 한다. 아이의 유죄 판결에 대해 부모가 확신을 품으면 아이가 아무리 시끄럽고 요란하게 판결을 철회하려 노력해도 부모 눈에는 무시하기 쉬울 정도로 약하고 투명해 보일 것이다.

다시 게임기를 돌려줄 때는 부모의 기대치를 분명하게 말해줘라. 아이는 어쩌면 원래 자기 것이어야 마땅한 물건을 마침내 돌려받게 되었을 뿐이라고 생각할지도 모른다.

그러나 이 문제에 대해 아이의 생각을 바로잡아줄 수 있어야 한다. 엑스박스는 일종의 특권이고 부모는 그 정도 보상을 받으려면 아이가 어떻게 행동해야 하는지 잘 알고 있다. 아이가 이전과 똑같은 잘못을 범한다면 주저 없이 '재생' 버튼을 눌러 전 과정을 다시 시작하라. 어쩌면 기간이 더 길어져야 할지도 모른다.

전쟁에서처럼 다음 공격을 계획하라. 전장에 나가기 전에는 모름지기 마음속으로 임무와 목표를 설정하는 법이다.

다들 눈치챘겠지만, 나는 행동의 결과에 대해 아이의 구체적인 연령대를 언급하지 않았다. 좀 더 어린 아이들은 하루나 이틀 정도의 짧은 기간 동안에도 잘 배울 수 있다. 학령기 아동은 따끔함을 느끼고 태도를 고치기 위해 더 긴 시간이 필요할지도 모른다. 그러나 확실히 정해진 규칙 같은 것은 없다. 어떤 청소년은 부모가 눈썹만 한 번 치켜 올려도 되지만 어떤 유아는 일종의 앨커트래즈 감옥이 필요할 수도 있다.

빼앗은 것을 돌려줄 때는 아이의 손해를 보상하기 위해 뭔가 특별한 일을 하지 말라. 부모는 그동안 아이가 잘 자라는 데 필요한 것을 주기 위해 온갖 역경을 겪어왔다. 그것은 사랑의 행위다. 그러므로 아이에게 빚을 진 것은 전혀 없다. 권위 있는 부모가 된 것에 대한 죄책감이나 불편함이 어른거린다고 해서 힘들게 쌓은 모든 것을 일시에 날려버리는 도박을 할 셈인가?

이제 소아과를 나오면서 일어난 일을 다시 한 번 생각해보자. 아이가 병원에서 참을성 있게 기다려준 행동을 어떻게 보상해야 가장 좋을까? 앞서 여러 차례 언급했듯이 요즘 아이들이 참을성 없고 비협조적이고 고집스러운 것은 저절로 그렇게 된 게 아니다. 부모가 부지런히 훈련시킨 결과다. 물론 그런 훈련은 완전히 부지불식간에, 전혀 의도하지 않게, 원치 않게 일어났을 뿐이다(이런 일이 원래 그렇다). 부모는 눈에 보이는 모든 게 사실은 스스로 만든 것이라는 사실을 분명히 깨달아야 한다. 내가 이런 이야기를 하는 것은 부모의 사기를 꺾거나 비난하기 위함이 아니라 창조할 수 있는 모든 것은 말살될 수도, 변형될 수도 있음을 희망적으로 강조하고 싶기 때문이다.

이를 계기로 착한 행동을 어떻게 대해야 할지 다시 한 번 생각해볼 필요가 있다. 예컨대 아이의 행동을 무엇으로 보상해주기보다는 스스로 이렇게 물어볼 수 있을 것이다.

'내 아이의 바른 태도와 노력을 지지하고 키우고 촉진하기 위해 내가 무엇을 할 수 있을까?'

아이에게 한턱을 내거나 상을 주는 식으로 대가를 치르면 같은 문제를 계속 부채질할 것이고 결국은 부모가 바꾸고 싶어 했던 현상을 유지하는 결과만 낳을 뿐이다. 부모의 양육이 즉각적이거나 주먹구구식이라면 아이 눈에는 그것이 고가(高價)의 협력을 강화시키는 공식적인 행동 체계로 보일 것이다. 기본적으로, 아이에게 정확히 잘못된 시점에 값진 상을 줌으로써 버릇없는 행동이 결국 부모의 보상으로 이어진다는 잘못된 가르침만 전달할 뿐이다.

그러므로 시나리오를 바꿔보자. 아이가 까다롭게 굴지 모른다는 걱정 때문에 마음을 단단히 먹고 소아과에 들어가기보다는 부모의 기대치를 높이고 이것을 아이에게 분명히 알려라.

"엄마랑 동생이랑 진찰을 받는 동안 네가 참을성 있게 기다려줄 거라고 믿어."

그리고 정말 그런 일이 일어나면 부모의 기쁨을 아이에게 보여줘라.

"네가 엄마를 도와주려고 열심히 노력한 게 엄마는 정말 자랑스럽단다."

"생각했던 것보다 더 오래 걸렸는데, 참고 기다리기 힘들었니?"

또는 진찰을 받으러 온 작은애에게 이렇게 말할 수도 있다.

"너도 언니처럼 참을성 있고 의젓하게 기다리는 법을 배우면 참 좋겠구나."

버릇 코칭을 마무리하고 기준을 세우는 일은 그것을 유지하는 일보다 어렵다. 며칠 동안 혹은 몇 주 동안 아이는 부모를 점점 덜 시험하게 될 것이다. 그리고 부모는 무엇을 어떻게 할지, 자신만의 버릇 잡기를 어떻게 발전시킬지 깨닫게 될 것이다. 아울러 부모로서 가치관과 행동이 제2의 본성처럼 자리 잡을 것이다.

그러나 어떻게 해도 효과가 없을 것 같은, 새로 발견한 버릇 잡기의 통찰력과 능력이 아무 소용도 없는 것처럼 보이는 날들이 찾아와도 좌절하지 않도록 하자. 혹시 그런 불가피한 날들이 찾아온 것 같다면 천천히 행동하거나 혹은 아무 일도 하지 말라. 그날 하루는 버릇 코칭을 일단 보류하자. 스스로의 발전을 의심하거나 자신을 너무 원망하지 않도록 조심하자.

불필요한 전투에 임하기보다 그 시간에 스스로를 쇄신하거나 혹은 후퇴를 통해 손실을 막아라. 언제나 내일은 온다.

지금 처한 환경을 끔찍한 재앙으로 여기지 말고 성공을 위한 잠재적인 기회로 바라보라.

15

자연스러운 결과를 맞게 하라

아이를 갖겠다는 것은 매우 중대한 결정이다.
이는 심장을 늘 몸 밖에 내놓은 채 다니겠다고 결심하는 것과 같다.

엘리자베스 스톤 Elizabeth Stone

자연스러운 결과란 예상 밖의 개입만 없다면 자연스럽게 따라오는 결과를 말한다. 예를 들어 비가 오면 당연히 땅이 젖는다. 깜빡 잊고 배터리를 넣지 않으면 손전등의 불이 들어오지 않는다. 자연스러운 결과와 관련해 아동기와 청소년기는 끊임없는 가능성의 세계를 보여준다.

- 열두 살 남자아이가 모자와 장갑 끼기를 싫어하면 실외 스케이트장에서 당연히 손이 시리다.
- 중학교 2학년 여학생이 프랑스어 공부를 하지 않으면 낙제하거나 성적이 나쁘다.
- 중학교 1학년 남학생이 늦게 일어나 학교 갈 준비를 제대로 못하면 서두르느라 점심 도시락 가져가는 걸 잊고 당연히 그날 점심을 굶게 된다.

- 영화가 상영되길 기다리는 동안 팝콘을 다 먹어버린 아이는 다른 사람이 팝콘을 먹으며 영화를 보는 사이 영화만 보고 있어야 한다.
- 어린 아이가 화를 내며 아빠의 망치로 새로 산 노란색 굴삭기 장난감을 내리치면 이내 부서진다.
- 5학년 아이가 값비싼 묘기용 자전거가 도로에 착지하면 얼마나 큰 손상을 입는지 알고 싶어 수없이 점프를 할 경우 결국 그 자전거는 망가진다.

자연스러운 결과의 핵심은 간단하다. 부모가 끼어들지만 않으면 된다. 너무 간단해 보이지만 사실 그렇지 않다. 대부분의 부모는 아이의 행동이 빚은 자연스러운 결과로부터 아이를 구해주고 싶은 강박적 충동을 느낀다. 나 역시 아이에게 수없이 고함을 지르고 비난을 퍼부어댔지만 결국 학교까지 차를 몰고 가서 아이가 놓고 간 도시락을 건네주거나 내가 아껴둔 팝콘을 나눠 먹거나 부서진 장난감이나 자전거를 고쳐주는 식으로 자연스러운 결과를 무효로 만들곤 했다.

부모라면 내 행동을 쉽게 이해하겠지만 사실 아이들에게는 폐를 끼친 것과 다름없다. 지금은 어른이 되어버린 내 아이들은 이런 일을 해온 나의 성향을 증명해주는 첫 번째 주자가 될 수도 있었을 것이다. 만약 내가 그러지 않았다면, 다시 말해 자신들을 방해하지 않았더라면 좋았을 것이라는 바람도 갖고 있을지 모른다. 당시 내 아이들로 하여금 자기 행동이 낳은 결과를 그대로 느끼며 살아가도록 놔두는 게 그토록 기겁할 만한 일이었을까? 나는 정말로 두려웠던 걸까? 아이들이 실패할까봐? 그래서 내게 영향을 미칠까봐? 아니면 아이들이 아빠의 지속적인 도움 없이도 자기 삶을 아주 잘 살아갈 수 있다는 것을 깨닫게 될까봐 두려웠던 것일까?

아이가 자신이 저지른 행동의 자연스러운 결과를 경험하도록 놔두지 않는다면 부모는 삶의 일차적인 학습 체계를 박탈하는 것과 같다.

위험한 상황이 아니라면 아이들이 초래한 일에 대해서는 자신이 직접 대응하도록 놔두어라. 아이가 자라면서 바깥세상과 다툼을 벌이는 일이 늘어갈수록 부모는 마치 경호원이나 수호천사처럼 아이와 나란히 달려가고 싶은 마음이 들 것이다. 부모라면 누구나 그러한 소망을 이해할 수 있다. 그러나 스스로에게 물어보자.

'삶에 대응하는 법을 배우지 않고서 내 아이가 어떻게 강하고 능력 있는 사람으로 자랄 수 있겠는가?'

아이가 교사에게 질책을 받는다는 느낌이 든다면 어떻게 할 것인가? 내 부모님이었다면 내가 무엇을 잘못했는지 물어본 다음 곧바로 원래 하던 일로 돌아갔을 것이다. 어쩌면 모질고 냉정하다고 생각할지도 모르겠다. 그러나 어떤 면에서 보면 부모님은 내 학교생활에 지나치게 개입하지 않음으로써 내 삶은 내 스스로의 힘과 수단으로 내가 관리할 수 있다는 믿음을 심어주었다고 할 수 있다.

약간 언짢은 마음에 사로잡힌 아이들이 제 부모가 선생님을 마구 원망하며 변호사를 데리고 학교로 달려가는 모습을 본다면 어떤 메시지를 받게 될까? 그런 행동은 한창 자라는 아이의 역량을 방해하고 마땅히 져야 할 책임을 외면하게끔 만든다. 부모가 아이들의 숙제를 해준다. 부모가 아이들 대신 학교의 곤란한 일을 처리해준다. 부모가 아이들의 허드렛일을 해주고 영화 보러 가는 비용을 떠맡는다. 다음 주 용돈으로 장난감을 사게 하고 그 돈을 갚으라고 하지 않는다. 아이들에게 책임을 지우려는 코치와 다른 어른들을 폄하하고 헐뜯는다. 아이들이 책임감 있고 능력 있는 사람이 되어 세상에 나가는 것을 방해하는 게 부모의 목표라면 차라리 아이들의 팔다리를 잘라버리는 건 어떨까?

자연스러운 결과와 부자연스러운 결과를 비교해보자. 한 아이가 교회에서 예의에 어긋나는 행동을 했다. 부모는 집에 돌아와 아이가 컴퓨터 게임을 못하게 한다. 이는 비록 아이의 행동이 낳은 결과물이지만 연관 관계가 자연스럽지 못하다. 부모는 블록이나 생일 파티나 혹은 다른 특권을 박탈할 수도 있기 때문이다. 이에 비해 자연스러운 결과는 아이의 행동에서 비롯된 실질적인 결과물이다. 예컨대 아이가 화가 잔뜩 나서 비디오 게임기를 부숴버렸고, 그래서 지금 비디오 게임을 할 수 없게 된 것이 자연스러운 결과다.

자연스러운 결과는 현실 속에서 완벽하게 이해되고 위의 예에서처럼 처벌의 의미로 혹은 분노로 인해 강제된 것이 아니므로 제대로 된 가르침을 준다. 자연스러운 결과는 삶이 어떻게 일어나고 어떻게 굴러가는지를 정확하게 반영한다. 부모가 임의로 혹은 멋대로 결과를 선택한 것이 아니기 때문에 아이 입장에서도 비난할 대상이 없다. 어른이 개입하지 않아도 아이는 같은 결과를 감내해야 한다. 이런 결과는 분명 아이가 스스로 한 일(혹은 하지 않은 일)이다. 그리고 보통 행동에 비례한다.

때로는 자연스러운 결과가 저절로 일어나도록 놔두는 게 비현실적일 경우도 있다. 만약 두 살짜리가 장화를 잊어버리고 왔다면 부모는 비나 눈이 오는 날 아이의 발이 젖지 않도록 새 장화를 사줄 것이다. 어린 아이가 심하게 떼를 쓰다 제 방 창문에 묵직한 물건을 던졌다면 부모는 궂은 날씨에 아이를 보호하기 위해 창문을 고쳐줄 것이다. 십대 초반의 자녀가 건강에 위협적인 행동을 한다면 부모는 마땅히 개입할 것이다. 부모는 아이의 연령과 발달 수준, 환경이나 조건을 고려해야 한다. 이는 창문을 깨뜨렸을 때 일어날 수 있는 다른 종류의 부자연스러운 결과로 대체할 수도 있다는 뜻이다.

또한 자연스러운 결과를 충분히 이해할 수 있을 때는 부모로서 최선의 판단력을 발휘해야 한다. 예를 들어 유아가 아이스크림콘을 떨어뜨리지 않기 위해 최선을 다하고 있는데 다른 아이가 달려가다 부딪치는 바람에 아이스크림을 땅바닥에 떨어뜨리고 말았다. 이 경우 부모는 아이에게 아이스크림을 새로 사주는 쪽을 선택할 것이다. 그러나 부모가 미리 경고했음에도 불구하고 다섯 살짜리 아이가 아이스크림을 들고 미끄럼틀 위로 올라가다 떨어뜨렸다면, 그때도 부모는 아이스크림을 새로 사줘야 할까?

평소 공부를 열심히 하는 4학년 아이가 다음 날까지 제출해야 할 과제물을 끝내기 위해 애쓰고 있다. 그런데 간만에 교외에서 가족 모임을 갖게 되어 계획대로 숙제를 할 시간이 많지 않다. 아이는 서둘러 숙제를 마무리하다 그만 실수로 망쳐버렸다. 이때 부모는 아이를 그만 쉬게 하고 교사에게 과제물 고칠 시간을 하루만 더 달라고 요청할 것이다. 하지만 아이가 텔레비전을 보거나 컴퓨터 게임을 하느라 과제물을 무시했다면, 이때도 부모는 같은 일을 해줘야 할까?

부모가 개입해 아이를 구해줄 마땅한 이유가 없다면 나서지 말라. 자연스러운 결과의 백미는 아이가 아무리 고함을 지르고 발을 쿵쿵 굴러대도 부모는 그 일과 전혀 상관이 없다는 것이다. 물론 부모 스스로 굳이 그 일에 매달리려 하지 않는다면 말이다.

부모는 하루 24시간 내내 아이를 지켜보며 아이의 행동에서 비롯된 좌절감과 실망감, 상실감으로부터 아이를 보호해줄 수 있다. 하지만 그런 행동이 아이에게 어떤 희생과 메시지를 던져주겠는가? 아이가 너무 나약하고 무능해서 사는 내내 응석을 받아주고 보살펴주어야 한다는 메시지? 자연스러운 결과를 그대로 수용하는 법을 배우는 것은 부모의 양육에서 커다란 혜택이다. 부모 스스로 믿는 것보다 아이들이 훨씬 더 강인하고 강건하며 탄력 있음을 아이에게 가르쳐준다. 양육이 자유로워지며 부모의 어깨에 놓인 책임감을 덜어준다. 부모는 약간의 불편을 감내하는 것이 아이에게 괜찮은 일임을 깨닫기 시작한다. 궁극적으로, 자연스러운 결과를 통해 부모는 잠시 옆으로 비켜나 아이들이 자신의 삶을 더 원만하고 실행 가능하게 만들 기회를 누리도록 허락한다.

행동은 언제나 결과를 낳는다. 삶의 의미가 배움이라면 그리고 부모가 할 일이 아이들이 그 삶을 더욱 잘 준비하도록 돕는 것이라면, 사랑과 경계심이 깃든 부모의 눈길 아래 아이가 자기 행동의 자연스러운 결과를 감내하도록 허락하는 것만큼 타당하고 효율적이며 온정적인 방법이 또 어디 있겠는가?

아이의 곤경에 대해서는 늘 공감해주되 자기 행동의 자연스러운 결과를 외면하려는 아이의 자구책은 회피하라.

16

거래를 거부하라

> 어렸을 때 우리 집 메뉴는 딱 두 가지였다. 먹거나 말거나.
> **버디 해킷** Buddy Hackett

아이가 일부러 나를 골탕 먹이려 한다. 이런 의심이 머릿속에 굳건히 뿌리를 내렸을지도 모르겠다. 암살자 같은 식은 아니지만 아이는 어떤 식으로든 가족을 파괴할 수 있다. 아이로서는 자신이 원하는 것을 얻기 위해 자기가 가진 온갖 간계를 다 동원하는 것 외에 다른 대안이 없다. 다시 말하지만, 아이가 원하는 것은 심리적으로나 발달상 필요한 것이 아니라 무의식적으로 열망하는 것일 수도 있다. 하지만 어떤 것이든 아이가 원하는 방식은 똑같다. 본인도 어쩔 수가 없다. 아직 어리니까! 이 문제에 대해서는 11장에서도 살펴보았다. 게다가 지금쯤은 독자 여러분도 더 이상 자신을 해명하지 않는 것에 익숙해졌을 것이다. 그러나 밀어붙이고 협상하기 위한 아이의 요구와 재능도 쉽게 수그러들지 않는다.

계산대 앞에서 술책을 부리는 아이를 생각해보자.

"제발, 제발, 저 빨간색 사주면 안 돼?"

"제발요. 하루 종일 말 잘 들을게요."

"오늘 저녁 설거지를 돕겠다고 약속할게요."

"다른 건 절대로 사달라고 안 할게요."

"내 돈에서 20달러를 보탤게요."

이런 시나리오를 얼마나 자주 겪었든—도와주겠다, 말 잘 듣겠다, 더 이상 사달라고 조르지 않겠다, 돈을 갚겠다 등의 약속을 아이가 얼마나 자주 어겼든—부모가 양보할수록 아이의 협상 능력은 점점 발달하고 반대로 부모의 협상 능력은 점점 약해질 것이다. 또한 슬프게도 그 결과 아이에게 진정 필요한 양육과 버릇 잡기를 실천할 능력 역시 점점 약해진다.

그렇다면 어떻게 해야 아이와의 게임에서 이길 수 있을까? 정답을 말하자면, 부모는 결코 이길 수가 없다. 아이와 정면으로 맞선 부모는 라스베이거스에서 블랙잭을 할 때보다 승률이 낮다. 아이는 취침 시간에 책을 더 읽어달라고 조르면서 부모도 모르는 사이 도저히 거부할 수 없는 미끼로 부모를 공략한다.

"늦게까지 자지 않고 간식을 더 먹고 보드게임 한 판을 더 하게 해주지 않으면 엄마는 불을 끄기 전에 등 마사지를 한 번 더 해주고 책 두 권을 더 읽어줘야 해."

조금만 더 놀게 해달라는 순진한 요구가 어느새 아이의 최후통첩으로 변해버린다.

"30분이나 45분? 그 정도면 어때?"

예를 들어, 부모가 슈퍼마켓을 향해 차를 몰고 있다. 주차할 때부터 아이는 자기가 좋아하는 쿠키를 사도 되냐고 묻고, 부모는 "물론이지"라고 대답한다. 여기까지는 잘못된 게 없다. 누구나 이렇게 하니까. 그런데 막상 슈퍼마켓에 들어가자 아이는 아이스크림과 사탕까지 추가로 요구하고 스물네 곳의 통로를 오락가락하는 동안 부모의 쇼핑까지 간섭하려 한다. 다음과 같은 대화가 어떻게 들리는가?

"사탕을 먹으면 왜 안 되는데?"
"엄마가 벌써 말했……."
"하지만……."
"그 이야기는 그만하자."
"왜?"
"벌써 말했잖아. 엄마는……."
"벤은 사줬으면서……."
"너는 쿠키를 사줄 거야. 알았어, 대신 두 가지 쿠키를 고를 수 있게 해줄게."
"하지만 벤이 좋아하는 아이스크림은 샀으면서 내 거는 안 샀잖아."
"그 이야기는 하지 않을 거라고 했지? 지금부터 그 이야기는 아예 안 들을 거야."
"하지만 아까는 들었잖아."

이때 부모는 어떻게 할까? 어떻게 해야 이런 식의 논리에 이길 수 있을까? 다음의 예처럼 협상을 거부해야 한다.

"이 아이스크림 사도 돼?"

"넌 쿠키를 골랐잖아."

"하지만……."

부모는 조용히 쿠키 진열대로 돌아가 쿠키를 다시 선반 위에 올려놓고 계산대로 향한다.

쉽지 않은가?

그렇다. 아이가 한바탕 난리를 피우며 떼를 쓸 것이라는 사실은 언급하지 않았다. 인정한다. 아이는 쇼핑 카트의 물건을 집어던지고 계산대 앞에서 상상할 수 없는 난리법석을 피울 것이다. 엄마는 엄청난 수치심을 느끼며 다시는 이 슈퍼마켓에 오지 않을 거라고 다짐할 것이다. 아이가 사탕을 사달라고 졸랐을 때, 엄마는 어떻게 했어야 옳을까? 당장 쿠키를 되돌려놓고 한시라도 빨리 슈퍼마켓을 나갔어야 했다. 또 쿠키를 한 가지만 사주겠다고 약속해놓고 왜 두 가지를 고를 수 있게 해주었는지도 의문이다.

> 거래하지 않을 때 부모는 양육에 쏟을 에너지와 시간, 좌절감과 분노를 아낄 수 있다.

한계를 정할 때마다 매번 아이에게 경고를 해줄 필요는 없다. 경고는 오히려 역효과를 일으켜 아이에게 최후의 순간까지 새로운 조건을 부르짖으라는 가르침만 전해줄 뿐이다. 아이들은 이미 정해진 한계에 맞서 싸울 때에도 대부분 부모가 왜 그렇게 했는지 이해하고 있다.

어떤 식품을 살 것인지에 관한 엄마의 결정을 아들이 마음대로 좌지우지할 때를 생각해보자. 엄마는 아들의 주장을 흥미로운 대화로 전환시키려 노력했을지도 모른다. 그런데 사실 어린 아이가 그런 식으로 최고 결정권을 휘두르며 엄마를 마구 비판하는 게 옳은가?

엄마는 집에 돌아와 아들을 벌주어야 할까? 그럴 필요는 없다. 쿠키를 놔두고 슈퍼마켓을 떠난 것 자체가 아이에게 교훈을 가르쳐준 것이기 때문이다. 그러나 엄마는 자신의 쇼핑 일정을 망쳐버린 아들의 무례함에 대한 결과로 다음 쇼핑에 아들을 데려가지 않겠다고 결심할 수 있다.

이 엄마가 아들을 데려가지 않고 혼자 쇼핑을 하면 둘 모두 편안해질 것이라고 생각하는 사람도 있을 것이다. 그러나 나는 절대로 동의하지 않는다. 이런 경험을 통해 부모와 아이 모두 삶의 기술을 배우는 기회를 얻을 수 있기 때문이다.

부모의 거래는 나약함의 신호다. 그렇게 하지 않으면 판매를 종료할 수 없을 것 같다고 느낄 수도 있다. 그러나 양육은 판매업이 아니다. 자동차를 살 때의 광경을 떠올려보라. 그 거래에 매우 사랑하고 최선을 다해주고 어른으로서의 삶을 잘 준비해주고 싶은 아이와의 관계를 구축하기 위해 세운 원칙 같은 것이 존재하는지 한 번 생각해보라.

아이들이 반사회적 이상 성격자라는 얘기가 아니다. 부모가 아이들을 탐욕스러운 협상 전문가로 만듦으로써 이 세상에 공짜는 없다는 것을 가르친다는 얘기를 하는 것이다.

"내가 장바구니를 들어주면 얼마 줄 거야?"

"내가 마당에 나뭇잎 긁는 거 도와줬으니까 12달러를 줘야 해."

"내가 숙제하는 모습을 보고 싶다면 엄마도 그만한 상이나 보상을 줘야 공평하지 않을까?"

말도 안 되는 일이라고 생각하겠지만 실제로 이런 일은 언제 어디서나 일어나고 있다. 부모라면 누구나 동의할 것이다. 문이 닫히지 않도록 잡고 기다려준 대가로 뭔가를 치르면 아이는 언제나 같은 대가를 원할 것이다.

때로 아이는 협상 자체를 위해 살기도 한다. 어떤 아이들은 부모와 주고받기를 위해, 재미를 위해 거래 자체를 좋아한다. 또 어떤 아이들에게 협상은 부모가 자신에게 가장 몰두하는 순간을 의미한다. 앞서 말했듯 아이들은 무관심보다는 나쁜 관심을 더 좋아하고, 협상은 많은 관심을 필요로 한다.

해결책은 아이의 주의를 돌릴 수 있는 더 좋은 방법을 찾는 것이다.

"내 말은 다 끝났어. 네가 게임을 한 판 더 하고 싶다면 네가 할 일을 다 마친 다음에 했으면 좋겠어. 게임을 할 준비가 되면 그때 알려주렴."

이런 방법이 효과적이다. 아이가 부모의 기대대로 할 일을 다 마치고 게임할 준비가 되면 부모도 곧바로 하던 일을 중단해야 한다.

거래를 하지 않는 양육은 직접적이고 솔직하고 명확한 기대치와 한계, 결과, 훈육을 가능케 한다. 물론 커다란 사랑도 가능케 한다. 부모가 아이의 존경을 받고 아이를 만족스럽고 책임감 있고 감사할 줄 아는 어른으로 키워내는 지름길은 존재하지 않는다.

아이가 뭔가를 받고 싶어 하고 싸움에서 이기고 싶어 하는 만큼 부모도 아이에게 올바른 태도와 행동을 원하라. 그래야 필요한 일을 할 수 있는 동기가 생길 것이다.

17
적게 사라

아이는 부모가 줄 수 있는 모든 것을 전부 필요로 하지 않는다. 예를 들면 위장(胃臟)처럼 말이다.
프랭크 클라크 Frank Clark

'아이에게 과도한 크리스마스 선물을 해줬을지도 모르는 징후 열 가지' 같은 게 있다면 다음과 같지 않을까?

10. 티파니에서 다가오는 '다이아몬드 150년 전시회'를 위해 딸아이의 새 목걸이를 빌려달라고 요청했다.
9. 신용카드 마일리지가 도쿄 왕복 여행을 다녀올 만큼 쌓였다.
8. 가수 로리 버크너가 전화를 걸어 우리 집 소파에서 자기 기타 튜너를 못 봤냐고 물었다.
7. 딸아이가 새로 선물 받은 애완동물을 몹시 좋아하지만, 지금은 2월이고 새 마구간은 아직 지붕을 올리지 못했다.
6. 산타가 연료와 중량 초과를 이유로 청구서를 보냈다.
5. 토이저러스(Toys "R" Us)가 아니라 토이저유(Toys "R" You)!

4. MIT 로봇공학연구소가 계속해서 사이버 스파이 원본 모델을 돌려달라고 요구한다.

3. UPS 택배 직원의 입원 치료비를 대주고 있다.

2. 크리스마스트리도 아름답고 선물도 많은데 그것들을 들여놓을 집이 없다.

그리고 크리스마스에 과용했을지도 모르는 증거, 대망의 1위는(둥둥둥 북소리가 울린다).

1. 그렇게까지 했는데도 아이들이 못마땅해하고 행복해하지 않는다!

알다시피 마지막이 사실일 때가 종종 있다. 크리스마스 다음 주에 쇼핑몰을 돌아다니다 보면 아이들이 부모에게 뭔가를 사달라고 조르는 소리를 흔히 들을 수 있다.

여기에는 기본적인 인간의 법칙 같은 것이 존재한다고 믿는다. 크리스마스 원칙이라고도 할 수 있다. 요컨대 12월에 많은 선물을 받을수록 1월까지 그것을 기억하는 경우는 드물다.

한 번 생각해보자. 요즘은 형식적으로 크리스마스 양말을 채우는 물건이 과거에는 주요 선물이었다.

- 1940년: "와, 탁구공과 투시롤 사탕(동전 크기)이다."
- 1963년: "와, 탁구 세트와 투시롤 사탕(극장용 크기)이다."
- 2010년: "와, 파란색 작은 벨벳 가방에 파란색 작은 벨벳 상자가 들어 있고 그 안에 투시롤 모양의 은 장식물이 달린 반짝이는 순은 팔찌가 들어 있다. 그런데 이 조그만 사각형 분필들은 뭐지?"

이때 부모가 환하게 웃으며 분필은 일종의 '실마리'라고 말해준다. 푸즈볼(테이블에서 하는 축구 게임)과 탁구까지 즐길 수 있는 중량 340킬로그램의 전문가용 석판 당구대가 다음 주 배송될 예정이라는 사실을 일러주는 실마리 말이다. 물론, 크레인을 동원해 당구대를 식당에 들여놓으려면 퇴창을 제거해야 한다. 부모는 아이들을 위로한다.

"하지만 걱정 마라. 당구대는 네 진짜 선물이 아니야. 그건 우리 가족 모두를 위한 소소한 물건에 불과하단다."

그런데 비용 축소가 시작되었다. 양육 관련 잡지에서 다음 중 하나가 없어도 아이의 생일 파티를 완벽하게 열 수 있다고 말하는 기사를 많이 볼 수 있다. 빈Wien에 있는 스페인 승마학교에서 공수해온 리피자너(특히 마장 마술에 쓰이는 백마), 링글브라더스 서커스나 태양의 서커스에서 온 전문적인 어릿광대의 달밤 쇼, 블루노트 레코드사 소속 음악가가 재즈 스타일로 연주하는 동요, 아이의 생일을 축하하기 위해 주지사가 보낸 주 상원의원이나 하원의원의 축하문 낭독. 여기에 여섯 차례에 걸쳐 나오는 촛불 밝힌 저녁 만찬이 없으면 훨씬 좋다.

부모는 왜 집에서 구운 케이크와 직접 차린 생일 파티로는 충분하지 않다고 느끼게 된 걸까? 대답은 복잡하다. 어떤 부모는 아이가 지난번 참석했던 친구의 생일 파티보다 더 낫거나 혹은 비슷한 수준의 생일 파티를 차려주고 싶어서 점점 더 많은 것을 추가한다. 많은 부모들이 일 때문에 너무 바빠 집에서 파티를 열 엄두도 내지 못한다. 또 어떤 부모는 자신이 직접 만든 것이나 직접 차린 것은 뭔가 적절하지 않다고 생각하기도 한다. 또 아이들이 자기 생일 파티는 이러저러한 정도는 되어야 한다고 직접 요구하는 경우도 있다.

그러나 부모가 잔뜩 쌓아놓은 일에 압도당한 아이들은 스스로 노는 법이나 다른 사람들과 어울려 노는 법, 실외에서 노는 법 등을 잊기 쉽다. 최근 미국 장난감 명예의 전당에 '막대기'가 선정되었다는 기사를 읽고 몹시 기뻤다. 위원회는 막대기에 대해 "만능성, 완벽한 자연성, 비용이 들지 않는 성질 그리고 아이들의 상상력에 의해 변형 가능한 재료이자 부속물로 사용할 수 있다는 점을 높이 평가했다"라고 발표했다. 부모들이 당장 가게로 달려가 자연에서 찾을 수 있는 것보다 훨씬 품질 좋고 값도 비싼 대량 생산 막대기를 구입할 날도 멀지 않았다는 생각이 든다.

아이에게 지나치게 많은 것을 주고 있는지 확실히 알 수 없다면 한번 점검해보라. 작은 회계 수첩을 만들거나 컴퓨터에 정산표를 만들어보자. 7일 동안 아이에게 쓴 돈을 1센트 단위까지 모두 적어보자. 장난감뿐만 아니라 입장권과 스포츠 용품과 레슨비, 특별히 한턱 내는 비용, 추가 후식, 자동차 이용비, 운전 비용, 학교 용품과 옷, 음악 레슨비, 컴퓨터 관련 물품 등까지 모두 적어라. 지갑에서 현금이나 신용카드를 꺼낼 때마다 이 비용이 아이를 위한 것인지 스스로에게 물어보자. 아이들에게 쓰는 돈이라면 기록해둬라. 나중에 영역별로 모든 비용을 합산해보자. 어떤 생각이 드는가? 평소 생각한 것보다 훨씬 많을 것이다.

> 가족 휴가가 합리적이고 예산에 맞는 현명한 소비에서 멀어지지 않게 조심하라. 몇 달 전 다녀온 가족 여행을 좀처럼 잊지 못하게 만드는 초호화 휴가 비용 신용카드 청구서만큼 괴로운 것도 없을 것이다.

그렇다면 어떻게 해야 아이에게 돈을 적게 쓸 수 있을까? 무엇보다 먼저 지갑 여는 횟수를 줄이고 돈도 적게 꺼내라. 둘째, 아이가 직접 부모의 지갑을 열고 돈을 꺼내 가지 못하게 단속하라. 셋째, 신용카드는 적게 써라. 신용카드는 기본적으로 지갑에서 돈을 꺼내는 것과 같다. 다만 월말에 갚아야 할 뿐이다. 물론 파산을 했다면 그럴 필요도 없겠지만. 야호!

너무 간단해서 오래 묵은 잔소리처럼 들릴 수도 있을 것이다. 그러나 대부분 문제의 핵심이 놓여 있는 지점이다. 부모가 아이에게 돈을 덜 쓸 수 있다면 적어도 물질적인 면에서 아이의 버릇을 훨씬 덜 망칠 것이다. 그리고 덜 소비하기라는 간단한 행동이 버릇 잡기가 지닌 중대한 혜택을 불러올 것이다.

예를 들어, 부모는 돈을 쓰기 위해 자동차를 몰고 다니거나 인터넷을 검색하는 시간이 줄어들 것이다. 쇼핑몰에 가던 시간 중 일부를 숲 속으로 산책을 하러 가거나 공원으로 자전거를 타러 가는 활동으로 대체할 수도 있다. 소비를 덜 하고 예산을 남용하지 않으면 부모의 스트레스도 줄어들 것이다. 소비를 덜 하는 것이 버릇 잡기에 성공하는 마법의 탄환은 아니다. 하지만 부모의 무기고에 있는 주요 무기 중 하나인 것은 분명하다.

물론 부모의 새로운 검약 정책에 저항하려는 아이의 의지도 만만치 않을 것이다. 그 문제에 관해서는 아이만을 탓할 수 없다. 수전 린Susan Linn의 책 《TV 광고 아이들Consuming Kids》에 따르면 아이들은 매년 180억 달러 이상을 소비하고 총 6000억 달러 이상의 구매 행위에 영향을 미치며 약 4만 개의 상업 광고를 시청한다. 게다가 8세 이상 아동의 65퍼센트가 제 방에 따로 텔레비전을 갖고 있다. 광고가 아동에게 미치는 영향을 전문적으로 연구하는 수전 린은 아기들조차 말을 배우자마자 특정 브랜드를 요구한다고 말한다. 이는 아이들이 봉착한 문제인 만큼 부모가 봉착한 문제이기도 하다.

그러므로 어린 자녀에게 땅을 파면 돈이 나오는 줄 아느냐고 묻지 말라. 두 살만 되어도 정답이 '아니요'라는 걸 알기 때문에 웃음을 터뜨릴 것이다. 돈은 땅을 파면 나오는 게 아니다. 현금지급기에서 나온다.

다음에 이어지는 내용을 읽고 특히 크리스마스 무렵 쇼핑을 하러 갔을 때 생각해봐야 할 몇 가지 사실을 살펴보자.

예산을 고수하라

선물에 쓸 수 있는 돈이 어느 정도인지 미리 헤아려라. 재정 상황에 맞춰 현실적이고 공정해야 한다. 어떤 선물을 주든 첫 번째 원칙은 자신에게 재정적인 손해를 끼쳐서는 안 된다는 것이다.

신중해라

풍요로울 때가 있는 반면 궁핍할 때도 있다. 미래에 받지 못할 돈은 쓰지 말아야 한다. 내일이 오면 반드시 새로운 청구서와 필수품이 생긴다. 미래의 재정 상황이 호시절이 아닌 평균적인 나날과 비슷할 거라고 생각하며 소비에 나서라.

우선순위를 기억하라

아이에게 치열 교정기를 해줘야 한다거나, 부모 스스로의 경력을 향상시키기 위해 야간 학교에 등록해야 한다거나, 화장실 수리를 해야 하거나, 가족을 위한 긴급 자금을 조금 마련해놓는 등 돈이 들어갈 다른 일들을 스스로 떠올리자. 크리스마스 선물을 사야 한다는 압박 때문에 더 중요한 계획을 미루거나 가족을 위해 요긴하게 쓰려고 모으는 저축 계획에 차질이 생기지 않도록 주의하라.

완강히 버텨라

크리스마스 때는 쇼핑에 대한 열정과 피로 때문에 생각보다 많은 물건을 구입하기 쉽다. 정신적으로 완강하게 버티면서 스스로에게 계속 물어보자.

"내 아이에게 정말로 필요한 물건일까? 이걸 사용할까? 이만한 돈을 쓸 가치가 있을까? 충분히 사주었던 물건은 아닐까?"

자신이 믿을 만한 재정 자문가 또는 지나치게 관대한 양육에 비판적인 부모인 것처럼 스스로에게 물어보자.

양이 아닌 질을 생각하라

아이가 크리스마스에 사랑받고 있다고 느끼려면 얼마나 많은 장난감이 필요할까? 아마 실제로 받는 양보다는 적을 것이다. 한때 크리스마스 양말을 채우는 것은 벽난로 선반을 장식하기 위한 작은 물건과 사탕이었다. 하나를 더 사야 하지 않을까 싶은 끈질긴 의심을 거부하라.

양육의 거울을 들여다보라

크리스마스에 너무 많은 선물을 받는 아이는 평소 버릇없이 굴었던 아이와 일치하는 경우가 많다. 자신의 양육을 돌이켜보고 버릇 잡기를 제대로 실행하기에 크리스마스만 한 때도 없다. 선물을 합리적으로 받아서 고통 받는 아이는 없다.

계획을 세우고 지켜라

크리스마스 직전 급하게 쇼핑을 하다 보면 현명하지 못한 낭비를 하기 쉽다. 평소 크리스마스에 크게 열광하는 편이라면 휴일 직전 쇼핑을 피하는 게 좋다. 인정하고 싶지 않겠지만 많은 부모가 아이들에게 충분한 선물을 마련하지 못했다는 두려움을 느낀다. 마치 즐거운 크리스마스를 확실히 보장하려면 특정 개수의 선물 상자가 있어야 한다는 듯이 생각한다. 그럴 때 부모는 불필요한 물건을 충동 구매하기 쉽다. 마지막 순간에 마구 사들이는 선물은 예산을 완전히 망쳐버릴 수 있고 통제 불능의 빚을 안겨줄 수도 있다.

지갑으로부터 영혼을 지켜라

부모의 어린 시절 향수 때문에 지갑을 더 많이 여는 일이 없도록 조심하라. 많은 이들에게 크리스마스의 종교적 의미가 줄어들고 있다. 기업이 크리스마스를 산업으로 바꿔버렸기 때문이다. 선물을 주는 부모의 행위가 크리스마스의 깊은 의미를 퇴색시키게 할까 두렵다.

인성을 생각하라

대다수 부모는 결혼을 했거나 혼자이거나 예산에 맞게 산다. 그러나 운이 좋아 더 많은 것을 소유한 사람일지라도 경제적 여유가 아이들에게 무조건 좋은 것은 아니라는 사실을 기억해야 한다. 크리스마스에 버릇을 망친 아이들은 1년 중 다른 날에도 버릇을 망친 아이들인 경우가 많다. 오늘이나 내일 아이에게 너무 많은 것을 주면 더욱 소중하고 심오한 선물을 빼앗는 셈이다. 그 선물은 인내심이나 만족감, 배려를 비롯해 풍요롭고 성공적이고 성취감을 느끼는 사람이 되기 위해 필요한 기술이다.

> 학교 준비물, 옷, 책, 운동 용품 등 필수적인 것들처럼 보이는 것들을 살 때에도 아이의 버릇을 망칠 수 있다. B. B. 킹, 에릭 클랩튼, 팻 매스니 같은 위대한 기타리스트들도 값싼 악기로 시작했다. 왜 이제 막 시작한 음악가나 운동선수에게 전문가들이나 쓰는 품질의 용품이 필요하단 말인가?

18

진정한 승자로 키워라

부모가 아이에게 너무 많은 것을 해주면 아이는 자신을 위해 많은 것을 하지 않는다.
엘버트 허버드 Elbert Hubbard

우리는 아이들을 고품질 패자로 키워왔다. 내 말이 믿기지 않는가? 십대 청소년의 불안감과 우울증, 술과 약물 남용, 부정행위, 자살, 자해 등에 관한 통계 수치를 보라.

탁월한 교육 저술가 앨피 콘 Alfie Kohn은 이런 것들을 설득력 있게 설명한다. 어린 아이들은 부모를 만족시키기 위해 공부한다. 그들은 부모의 만족스러운 미소와 자랑스러움으로 빛나는 따뜻한 안색을 자아내기 위해 노력한다. '참 잘했어요' 스티커와 금별을 받기 위해 애쓴다. 시간이 흐르면 이와 같은 외적 보상이 내적 동기의 일부가 되어 아이들은 스스로를 만족시키기 위해서도 잘하고 싶어 한다. 그 결과 자연스레 학습과 성취를 가치 있게 여긴다.

다른 사람의 인정을 받는 것은 성장의 일부분이다. 우리는 죽을 때까지 이를 필요로 한다. 그러나 부모는 크거나 작거나, 성취했거나 실패했거나, 새롭거나 낡았거나, 노력해서 얻었거나 우연히 얻었거나, 아이들이 밟는 모든 단계를 축하해주어야 한다는—보상과 강조와 긍정과 스포트라이트 등—강박적 요구를 극복해야 한다. 우리는 지속적으로 스포트라이트를 받지 못하면 살 수 없는, 외부의 누군가로부터 자신이 하는 일을 인정받지 못하면 살 수 없는 세대를 키우고 있다.

도대체 어느 시대의 아이들이 좋아하지도 않는 운동 경기에서 땀 한 방울 안 흘리고 트로피를 받으며 못마땅한 표정을 지었단 말인가? 피아노나 바이올린 연주회에서 아이들에게 쏟아지는 찬사를 보라. 우리의 강박관념 덕분에 가내 수공업이 하나 탄생했다. 여기 무한 종류의 '상'을 나열한 두꺼운 카탈로그가 있다. 베토벤 플라스틱 열쇠 고리, 모차르트 물 컵, 쇼팽 접이식 펜 등.

그러나 내가 언급하는 사람은 운동 코치도 음악 교사도 아니다. 자랑할 만한 일이 적어도 하나씩은 있는 아이들에 대한 얘기다. 1년 동안 피아노 연습을 했거나 한 계절 동안 축구를 배운 아이들 말이다. 그러나 칭찬으로 점철된 부모들은 어떤가.

- "와! 양치질을 정말 잘했어."
- "와! 점심을 정말 잘 먹었어."
- "와! 새 장난감을 가지고 정말 재미있게 잘 놀았어."
- "와, 잠을 정말 잘 잤어."
- "와! 저 블록을 정말 잘 치웠어. 아빠는 겨우 열 번 말했을

뿐인데!"

- "와! 산소를 정말 잘 들이마시고 이산화탄소를 정말 잘 내뱉었어. 우린 네가 정말 자랑스럽단다!"

성취와 노력을 기울일 수 있다는 사실 자체가 보상이 될 수 있다.

물론 내 생각일 수도 있다. 그러나 이는 큰 문제이고, 잠재적으로 아이에게 해를 끼칠 수도 있는 문제다. 동시에 부모가 쉽게 제거하고 고칠 수 있는 문제이기도 하다. 어떻게?

무엇보다 먼저 부모의 태도부터 바꿔라. 내 발걸음 하나하나, 호흡 하나하나를 알아주고 칭찬해주는 사람이 있는가? 다리가 부러져 절뚝거리며 집 앞을 지나가도 알아주는 사람이 거의 없을 것이다. 삶은 고달프다. 지속적인 칭찬에 중독된 아이는 다른 일과 다른 사람이 꽉 찬 이 세상에서 크게 괴로워할 수 있다.

그렇다면 아이를 무시하라는 말인가?

전혀 그렇지 않다. 가치 있는 성취, 무엇보다 노력이 필요한 성취가 아니라면 칭찬을 아껴야 한다는 말이다. 두 장난감 중 어떤 것을 가지고 놀지 30분 만에 결정했다고 해서, 혹은 고양이를 물어뜯지 않았다고 해서 상을 받을 필요는 없다.

이는 엄청난 차이이자 중대한 차이다. 이를 구별하지 못하면 버릇 잡기의 전 과정을 수포로 돌릴 수도 있다.

"지금 우리 아이를 칭찬해서는 안 된다고 말하는 겁니까?"

그렇지 않다. 내가 하고 싶은 말은 이렇다. 즉 세속적이고 일상적이며 속이 빤히 들여다보이는 명백한 것들이 아닌 노력과 시도와 수고에 보상하라는 것이다.

아이는 더 착하게 굴고 더 잘하기 위해 열심히 노력한 것에 대해 인정받을 자격이 있다.

"와, 동생이 새 장난감을 망가뜨렸는데도 동생을 때리지 않았구나."

"와, 엄마랑 똑같이 식기세척기에 그릇을 가져다놓으려 했구나."

"와, 계속하고 싶은 마음이 컸을 텐데 비디오 게임을 끝냈구나. 정말 힘들었을 텐데 말이야."

아이가 잘할 때만 칭찬을 쏟아 붓지 말라. 더욱 잘하려는 노력과 시도도 인정해주자.

"네가 화를 내지 않으려고 무척 애쓰는 게 엄마 눈에 보였어."

이게 바로 아이가 부모에게 인정받고 싶어 하는 것이다.

어떤 부모는 아이가 A학점을 받을 때마다 50달러, B학점에는 30달러, C학점에는 15달러, 심지어 우등상을 받으면 추가로 75달러를 주기도 한다.

반면, 아이의 성적에 따라 현금으로 보상하는 것에 완전히 반대하는 부모도 있다. 이들은 대신 인정을 의미하는 작은 상징물이나 U2 기념 아이팟 또는 빈티지 스트라토캐스터 전자 기타 같은 물건을 더 선호한다.

아이의 선행을 뇌물로 매수하는 것에 대해 내가 어떤 생각을 하는지는 이미 언급했다. 다른 종류의 선물을 주는 건 어떨까?

"와, 네가 아주 열심히 공부해서 좋은 결과가 나왔으니 정말 기분이 좋겠구나."

"선생님도 네가 어떻게 했는지 다 알고 계시더라."

"정말 자랑스럽겠구나!"

이런 말을 할 수 있으려면 아이의 시각을 이해하고 아이의 공부에 대해 모든 것을 알아야 한다. 부모는 성적표와 그 성적표가 의미하는 바를 모두 아이 혼자 책임지도록 해야 한다.

때로는 부모가 미소를 짓거나 인정의 뜻이 담긴 눈빛을 보내거나 어깨를 다독이거나 "네가 한 일이 너 역시 자랑스럽겠구나" 같은 단순한 말 한마디를 건네는 것으로도 충분하다. 그러나 매시간, 아낌없이 혹은 진심을 담지 않고 건넨다면 이러한 칭찬은 곧 매력도 힘도 잃고 말 것이다.

19
일을 시켜라

아이가 현실에 단단히 발을 딛고 서 있기를 바란다면, 어깨 위에 약간의 책임감을 얹어줘라.
애비게일 반 뷰렌 Abigail Van Buren

앞에서도 언급했듯이 자존감 운동은 대부분 실패했음이 드러났다. 부모들은 자녀에게 사랑과 칭찬 세례를 퍼부어주면 내면 깊은 곳에서부터 철저하게 자신이 경이롭고 가치 있는 인간이라고 느끼는 어른으로 자랄 거라는 잘못된 조언을 받아들였다. 그러나 이 접근법은 만족스럽고 생산적이며 빛나는 개인을 양산하지 못했다. 오히려 반대였다. 이제 우리는 지속적인 칭찬의 말을 건넨다고 해서 양질의 자존감을 쌓아줄 수 없을 뿐만 아니라 위태로운 자존감을 유지하기도 힘들어 지속적인 버팀목이 필요하다는 것까지 알고 있다.

우리는 앞장에서 칭찬과 찬사를 건네는 최선의 방법에 대해 알아보았다. 그런데 자존감을 형성하는 가장 좋은 방법은 무엇일까?

사실 아이에게 견고한 자존감을 부여하는 것은 스스로 할 수 있다는 강력한 유능감이다. 그렇다면 부모는 어떻게 아이의 유능감을 키워줄 수 있을까? 아이가 도전에 직면해 정복할 기회를 만들어주는 것이다. 거대한 도전을 이야기하는 게 아니다. 예컨대 에베레스트 등정이나 사전 통째로 암기하기에 대해 이야기하는 게 아니다. 우리 대부분이 일상적으로 받아들이는 도전에 대해 말하는 것이다.

걸음마를 하고, 스스로 양말을 신고, 변기를 사용하고, 제 침대에서 따로 자는 법을 배우는 것은 스스로 하고 싶어 하는 자연스러운 충동 가운데 초기의 모습이다. "엄마, 나 혼자 치카했어"라는 말을 기억하는가? 수많은 부모가 지금은 무기력하기만 한 청소년 자녀를 바라보며 그 자랑스러웠던 독립심은 다 어디로 사라졌을까 궁금해한다.

아이가 독립심을 주장할 수 있도록 해주고 아이의 리드를 따라주자. 레고를 갖고 놀던 아이가 빨간색 블록을 끼워달라고 도움을 청하면 초록색이나 파란색, 검은색 블록을 추가하고 싶은 마음을 꾹 눌러 참아라. 혹시 야생의 분노를 목격하고 싶은가? 그렇다면 아이가 도와달라고 부탁한 것보다 훨씬 더 많이 도와줘라. 으르르르릉!

얼굴이 붉게 달아오른 아이가 도움을 청하면 보통은 도움이 필요한 만큼만 곤란해하고 좌절하고 원하는 것이기 때문에 곧 자아실현의 모험으로 신속하게 되돌아갈 수 있다.

그러므로 유능감을 길러주는 한 가지 방법은 일단 아이 곁에서 비켜나 숙달과 자율을 향해 나아가는 아이의 내재적 충동을 방해하지 않는 것이다.

예를 들어, 아이가 직접 아침 식사를 차려주겠다고 나서면 현명한 부모는 칼이나 조리 도구 등에 아이가 다치지 않을까 지켜보면서 길잡이 역할만 한다. 아이의 진지한 열정과 노력을 억누르거나 사기를 떨어뜨리지 않는다. 완벽한 좌절과 실망의 모습을 목격하고 싶은가? 그렇다면 아이가 새 빗자루를 들고 서투르나마 바닥을 청소하고 있을 때 "너 때문에 더 어질러졌잖아!"라고 소리쳐봐라. 아이는 이렇게 말하고 싶을 것이다.

'엄마 눈에는 내가 청소하려고 노력하는 모습은 안 보이나봐요. 그럼 엄마가 한 번 시범을 보여주세요. 그러면 나도 스스로 청소하는 법을 배울 수 있을 테니까요.'

내가 어렸을 때 내 아버지는 이렇지 않았다. 십대에 접어들었을 무렵에도 아버지는 작업을 할 때 내가 15분 동안 드라이버나 나사를 들고 곁에 서 있게 했다. 한마디로 인간 공구 벨트였던 나는 종종 가만히 서 있는 게 지루해서 나사를 가지고 저글링을 하다 떨어뜨리거나 잃어버리기도 했다. 그럴 때 아버지는 어떻게 했던가? 내가 직접 나사를 박고 망치질을 할 수 있게 옆에서 도와주고 가르쳐주었다.

어린 자녀에게 정원용 도구를 직접 사용할 수 있게 해주는 부모는 자신이 무엇을 하고 있는지 정확히 알고 있다. 그들은 아직 어린 아이에게 갈퀴질을 하면서 집안일에 기여하고 일을 할 수 있는 권한을 부여한다. 아이들은 단지 소꿉놀이를 하고 싶어 하는 게 아니다. 부엌에서 진짜 요리를 하고 싶어 한다.

> 부모와 나란히 서서 일하는 것처럼 부모와 함께 뭔가를 한다는 것 자체가 아이에게는 최대의 보상이자 동기 부여가 될 수 있다.

불만투성이 노인네처럼 보이고 싶지는 않지만, 노동 윤리가 부족해 보이는 요즘 젊은 세대에 관한 목격담을 들려줘야겠다. 몇 년 전 제멋대로에 고집스럽지만 회복 중인 한 십대 청소년과 상담을 한 적이 있다. 그 아이는 자동차 관련 일을 하고 싶어 했고, 마침 지역의 한 정비 공장에서 너그럽게도 일자리를 주었다. 그런데 그 아이는 단 이틀 만에 이렇게 말했다.

"내 인생을 공장 바닥이나 쓸고 오일이나 갈면서 흘려보내지는 않을 거예요."

아이는 싹수없는 말을 내뱉으며 불만을 토로했다. 그런 아이에게 성공한 정비 공장 사장도 아직까지 직접 바닥을 쓸고 오일을 간다는 사실은 전혀 중요하지 않았다. 이 청소년은 멋진 유럽산 자동차를 만지고 싶어 했다. 아니, 이렇게 말해야겠다. 그 애는 그런 멋진 자동차나 만져야 했다.

참을성을 배우려면 기다려봐야 하고 감사할 줄 알려면 원하는 걸 받지 못해봐야 하듯이 일하는 법을 배우려면 오로지 정말로 일을 해봐야만 한다. 다른 방도는 없다.

아이가 의미 있는 방식으로 도움을 줄 만큼 신체적 힘과 능력, 감각을 갖추기 전에 노동 윤리를 길러줄 수 있다. 물론 어린 아이가 일하는 방식에는 당연히 한계가 있고, 그에 따라 맡은 임무도 조절해야 한다. 그러나 아주 어린 나이에도 내 아들은 부엌 찬장과 수납장 정리를 실제로 도와줄 수 있었고, 내 딸은 나와 함께 밖으로 나가 내 도움을 받아가며 정원을 손보거나 눈을 치울 수 있었다.

부모를 정말로 도와주고 싶어 하는 어린 아이들의 이런 열정을 충분히 활용하라. 집 안 곳곳에서 부모를 도울 수 있게 초대하라. 아이와 함께 나란히 진공청소기나 망치를 손에 쥐어보자. 아이가 자랄수록 직접 할 수 있는 일을 보여주고 합당한 임무를 맡겨라. 부모를 도와주는 일이 비판과 완벽주의를 위한 시간이 아니라 즐겁고 만족스러운 시간이 될 수 있게 하라.

어린 자녀에게 일을 주고 격려하는 것은 부모 입장에서 꽤 많은 수고가 드는 일이다. 어쩌면 유치원 다니는 아이와 나란히 진공청소기를 돌리는 것보다 부모 혼자 하는 게 훨씬 더 빠를 것이다. 아이가 세차용 옷을 갈아입는 데 걸리는 시간보다 짧은 시간 안에 혼자서 뚝딱 자동차를 닦고 윤기까지 낼 수 있을 것이다. 그러나 부모의 임무는 무엇인가? 생산성인가, 아이를 가르치는 것인가?

어린 나이부터 일하는 것을 좋아하도록 배운 아이들은 청소년기에 접어들어서도, 이후 평생을 살아가는 동안에도 일에 대한 좋은 감정과 실천하는 자세를 잃지 않을 것이다. 몸과 마음이 성숙해짐에 따라 더 많은 책임을 찾아 나설 것이다. 부모가 풍요롭다고 해서 아이가 일을 하고 싶어 하는 환경을 조성하는 것을 게을리 하지 않도록 조심하라.

그렇다면 아이에게 귀중한 배움의 기회를 박탈하게 될 것이다.

우리가 일에 관해 아이들에게 가르쳐주고 싶은 교훈은 여러 가지다. 우리는 먼저 아이들에게 기본적인 노동 윤리와 열심히 일할 능력과 자발성을 가르쳐주고 싶어 한다. 아이들이 할 수 있는 수준만큼 부모를 도와 일할 수 있게 해준다면 진정한 일의 기술, 다시 말해 정원 손질법이나 집안일이나 목공일 등을 가르쳐줄 수 있다. 부모가 자신의 존재와 직접 관련 있는 일—부모가 먹는 음식 만들기나 부모가 사용하는 물건 만들기 등—에 아이를 참여시키면 아이는 그 과정에서 자신의 세계와 현실적인 연관성을 맺게 된다.

우리 사회는 어느새 땅 및 생명의 원천과 동떨어져 있다. 기본적인 노동은 어른들에게나 아이들에게나 건강한 힘을 회복시켜주는 일이며 심리적 충만감을 안겨준다.

예를 들어, 아이와 함께 새집을 설계하고 재료를 구입하는 과정에서 부모는 아이에게 계획적이고 조직적이며 창조적인 기술을 가르쳐줄 수 있다. 또 어떤 일을 하든지 아이에게 일은 시간을 훌륭하게 소비하는 귀중한 방법이라는 뚜렷한 메시지를 전해준다. 요컨대 일이란 사람들이 평생의 목적과 의미를 발견하는 한 가지 방법이다.

아이가 한 일에 대해 대가를 지불해야 할까? 이는 앞서 말한 뇌물과는 약간 다르다. 내가 지금 말하고자 하는 것은 허드렛일에 대해 용돈을 주는 것으로서 누구도 정답을 알지 못하는, 논란의 여지가 매우 많은 문제다. 어떤 사람은 집안일처럼 가족을 위해 일할 때 용돈을 주는 정책을 지지한다. 그러나 어떤 사람은 이를 좋아하지 않으며, 아이들이 가족의 일원인 만큼 당연히 돈을 받지 않고 집안일을 거들어야 한다고 믿는다. 나는 아이에게 일을 시키기만 한다면 양쪽 모두 크게 문제 되지 않는다고 생각한다. 양치질이나 숙제하기, 제 방 청소하기처럼 아이의 연령에 합당한 일에 대해 대가를 지불하라는 말이 아니다. 그런 대가야말로 전혀 건설적이지 않은 뇌물 주기다.

앞서 말했듯이 아주 어린 나이부터 뭐든 도움을 줄 때마다 그 대가를 받으며 자란 아이들에게는 여러 가지 문제가 발생한다. 어떤 부모는 심지어 아이 능력 정도의 일에 어른 능력 정도의 보수를 지급하기도 한다. 이는 불필요하며 현명하지도 못하다. 매주 해야 하는 허드렛일을 넘어서는 일에 대해 합당한 대가를 지불하는 것은 괜찮지만 말이다.

그러나 제대로 마치지 못했거나 허술하게 마친 일에 대해 대가를 지불하는 것은 한 번 더 생각하길 바란다. 대가를 유예하는 것보다 더 좋은 해결책은 아이에게 일을 제대로 마칠 기회를 다시 한 번 주는 것이다(물론 이때도 아이의 능력 범위에 맞아야 한다).

> 창조적인 글쓰기를 가르치는 교사들은 최종 창작물보다 배움의 과정 자체를 칭찬한다. 아이에게 일과 삶에 대해 가르치는 것 역시 이와 같이 생각하라.

20

공공장소에서 버릇을 잡아라

지난밤에는 정말 멋진 패밀리 레스토랑에서 식사를 했다.
모든 테이블에서 논쟁이 벌어지고 있었다.

조지 칼린 George Carlin

누구나 앞에서 인용한 패밀리 레스토랑의 장면을 익히 알고 있다. 대부분 그렇게 살아왔기 때문이다. 부모가 '안 돼'라고 말하면 아이는 '돼'라고 말한다. 부모가 다시 한 번 '안 돼'라고 말하면 아이는 다시 한 번 '돼'라고 말한다. 목소리가 커지고 점점 무질서해지면서 부모는 자신이 급속도로 인간 비극의 장관을 연출하고 있다고 느낀다. 최악의 양육 순간이다. 이렇듯 피할 수 없는 끔찍한 순간이 찾아오면 부모는 선택의 폭이 줄어드는 것만 같고 곧 버릇 잡기의 더 큰 전망과 목표를 잊기 쉽다.

부모가 버릇 코칭을 밀어붙인다면 어떤 위험이 따를까? 부모는 한계를 정하고 이를 단호하게 고수하며 한발 비켜나 아이가 세인트헬레나 화산처럼 분출하도록 놔둘 수 있다. 그 소음은 말할 것도 없고, 아이가 통로 한가운데 누워 온몸을 비틀며 수십 명의 쇼핑객과 쇼핑 카트를 가로막고 있는 모습에 신경 쓰는 사람은 누구인가? 모든 이들의 험악한 눈초리를 신경 쓰는 사람은 누구인가? 대체 누가 그런 걸 신경 쓴단 말인가? 바로 부모 자신이다.

그렇다면 대안은 무엇인가? 인근 쇼핑몰에서 '누가 뭐라 해도 신경 쓰지 않는 강인한 사랑'을 보여주는 부모의 모습을 목격한 적이 있다면 지켜보기 힘들다는 걸 알 것이다. 매정해 보이는 부모가 계속 걸어가는 동안 아이는 미친 듯이 비명을 질러댄다. 아이는 부모의 다리에 매달리기도 하고 발길질을 하거나 고함을 지르거나 "엄마, 미워!", "세상에서 제일 나쁜 엄마야!" 같은 말을 내뱉기도 한다.

공공장소에서의 양육은 정말 힘들다. 리얼리티 프로그램에 기꺼이 출연을 자처하는 사람은 거의 없다. 대부분은 양육의 추하고 불행한 모습을 남들에게 보이고 싶어 하지 않는다. 내 경험상 많은 부모들이 두 가지 전략으로 이러한 딜레마를 해결하는 것 같다. 첫째는 상황 자체를 극복하는 게 아니라 아예 그런 상황이 일어나지 않도록 피하는 방식이다. 예를 들면 쇼핑을 갈 때 아이를 데리고 가지 않는 것이다. 둘째는 옆으로 한발 비켜서서 교묘하게 상황을 피하는 것이다. 이는 기본적으로 소동을 막기 위해 굴복하는 것을 의미한다. 예를 들면, 아이를 바닥에서 일으켜 세우고 곧장 쇼핑몰을 빠져나가 최소한 공개적인 망신을 피하기 위해 모든 소란을 집으로 가져가는 방식이다. 어떤 가족에게는 어쩌다가 한 번 일어나는 일이지만 또 어떤 가족에게는 일상적인 삶의 모습이기도 하다.

아이를 쇼핑몰에 데려가지 않는 방법은 썩 좋은 해결책이 아니다. 그러면 아이가 어떻게 삶에 맞서는 법을 배울 것이며, 부모는 어떻게 아이 다루는 법을 배울 수 있겠는가? 그뿐만 아니라 부모가 공공장소에서 버릇 잡기를 추구하지 않는다면 마치 자신의 한 손을 등 뒤로 묶어놓는 것처럼 스스로의 노력을 망칠 수 있다.

어떤 엄마가 이런 말을 한 적이 있다.

"정말 이상하죠? 아이들이 공공장소에서 버릇없이 굴면 너무 당혹스럽기는 하지만 다른 사람들 앞에서 한계를 제시했다가 결국 실패하고 마는 것보다는 차라리 당혹스러운 상황을 받아들이는 편이 더 쉬우니까요."

부모로서 자신이 비효율적이라고 느끼는 것만큼 끔찍한 일도 없다. 주변의 비판적인 눈초리를 받으며 자신이 비효율적이라고 느끼는 것은 10의 제곱만큼이나 끔찍하다. 그러나 아이의 버릇을 잡고자 한다면 공공장소에서 버릇 잡는 법을 배워야 한다.

공개적으로 버릇을 잡는 게 거의 불가능하다고 여겨진다면 일단 아이와 함께 세상 밖으로 나가는 것을 줄이는 것부터 시작하자. 작게 시작하고 자신의 방식을 고수하라. 그리 오래 걸리지는 않을 것이다. 행동이 개선될 때까지는 함께 쇼핑하러 가지 않으리라는 것을 아이에게 알려주어라. 그러나 일이 곧 순조롭게 해결되기를 바라고 있으며, 집 밖에서도 바르게 행동할 수 있도록 많은 기회와 도움을 줄 것이라는 점도 알려주어라. 아이를 집에 놔두는 게 큰 문제라면 버릇을 잡을 때까지 돌봐줄 사람을 구할 수도 있다.

이제 짤막하면서도 달콤한 공공장소로의 나들이를 계획하라. 커다란 마트에 가서 일주일치 식료품을 몽땅 사오는 것 말고 세탁소에 가는 것처럼 간단한 일 한 가지를 선택하자. 그리고 지금부터 무엇을 할지 아이에게 알려주어라. 이때는 위협이 아니라 정보를 알려주는 태도를 취해야 한다.

"자, 엄마랑 같이 세탁소에 가서 옷을 찾아올 거야."

그리고 아이에게 마음의 준비를 시켜라.

"지루할 수도 있어. 책이나 뭐라도 들고 갈래?"

무엇을 들고 갈지는 아이가 결정하게 하라. 그걸 가져가는 것도 직접 하게 하라(아이가 부모를 짐꾼 노새처럼 여기게 해서는 안 된다).

아이가 다른 친구의 파티에 참석해 방해만 일삼는다면 진심에서 우러난 바른 행동을 보여줄 때까지 파티에 가는 것을 금지하는 것도 좋다.

세탁소에 도착하면 다정하면서도 분명한 말투로 어떻게 행동해야 하는지 알려주어라. 세탁물이 나올 때까지 기다리는 동안 아이에게 집중하라. 아이를 참여시켜라.

"기다리는 게 힘들어?"

"저기 저 간판을 좀 보렴. 무슨 뜻인 것 같아?"

가게를 떠날 때가 되면 아이의 노고를 인정하고 있음을 알려줘라.

"참을성 있게 기다리느라 힘들었지?"

이때 결과에 대한 칭찬이나 보상보다는 과정과 노력을 더 많이 인정해줘야 한다. 일단 집으로 돌아오면 아이의 노고를 다시 한 번 인정해줘라.

"세탁소에서 참을성 있게 기다려줘서(혹은 도와줘서) 고마워."

몇 가지 기억해둘 만한 요점이 있다. 첫째, 서두르지 말고 천천히 성공 사례를 쌓아가라. 세탁소에서 15분 기다리는 것에 성공했다고 해서 곧바로 하루 종일 이곳저곳을 정신없이 누비며 다니는 쇼핑으로 건너뛰지 말라. 둘째, 자주 실행하라. 몇 시간짜리 볼일보다는 그 시간을 몇 차례의 나들이로 쪼개라. 집에서 나왔다가 돌아가기, 자동차에 탔다가 내리기 등도 좋은 방법이다. 함께 있는 것을 편안하게 생각하고 변화와 이동이라는 상황에 적절히 대처하는 것은 모두 훌륭한 삶의 기술이다. 셋째, 뇌물로 매수하지 말라. 넷째, 참을성을 발휘해 신중을 기하라. 부모의 유일한 목적은 다음 성공을 도모하는 것이다. 다섯째가 가장 중요하다. 즉 공공장소에 있을 때 아이와 적극적인 관계를 유지하는 것이다. 어떤 아이들은 비합리적으로 보일 만큼 언제나 엄청난 관심을 받길 원한다. 그러나 오늘날 같은 테크놀로지 시대에는 내내 휴대전화만 붙들고 있는 부모에게 질질 끌려 다니는 아이들을 수없이 볼 수 있다. 이들은 아이를 호되게 야단칠 때만 빼고는 거의 말도 걸지 않는다. 공공장소에 있을 때에도 말을 걸고 아이와 상호작용을 하라.

부모가 자기 볼일을 봐주는 것은 좋아하면서 정작 자신은 부모의 볼

일을 보는 것을 싫어한다면 이제 아이의 관심을 다시 붙잡을 때다(5장 참조).

••
부모가 집 밖에 나와 있는 동안 미리 부탁하지도 않은 다른 어른이 아이를 안전하게 보살펴주고 있을 수도 있다는 사실을 기억하라.
••

할아버지나 할머니 같은 다른 가족 앞에서 버릇을 잡는 것은 공공장소에서와 마찬가지로 어려움이 있다. 손자의 버릇없는 행위를 대놓고 나무라는 조부모가 있다. 부모 입장에서는 고통스럽고 갈등의 원인이 될 수도 있다. 이럴 때는 거울을 들여다보며 자신의 양육과 아이의 관계에 대한 진실을 인정하자. 그리고 스스로 이렇게 물어보자.

'아이 할머니나 할아버지는 내가 외면해온 현실을 제대로 보여주려 하는데, 내가 그걸 무시하고 있는 것은 아닐까?'

이것이 분명하다면 조부모와의 의사소통을 향상시키기 위해 노력하라. 함께 논의해보자고 제안하라. 조부모와 같은 걱정을 갖고 있기는 하지만 아이나 자신의 양육에 관해 이러쿵저러쿵 말참견을 하거나 눈치를 주는 걸 보면 마음이 아프다고 말하라. 그리고 아이의 버릇 잡기를 함께하고 서로 지지할 수 있는 방법을 제안하라.

어떤 조부모는 부모가 섭섭해할 정도로 지나치게 손자의 응석을 받아주어 버릇을 망치기도 한다. 물론 이들도 사랑 때문에 응석을 받아주는 것이다. 만약 조부모가 상황을 악화시키거나 아이에게 해로운 영향을 미친다는 생각이 들면 아이의 버릇을 잡기 위한 부모의 노력과 고생에 대해 조부모에게 차분하게 이야기하라. 아이의 버릇 잡기에 대해 조부모의 지지와 도움을 부탁할 수도 있을 것이다. 조부모가 아이에게 주는 사랑과 관심은 높이 평가하지만 적어도 지금은 버릇을 잡기 위해 노력하고 있음을 알려라. 필요할 경우에는 조부모의 의견과 관찰을 적극 수용하는 의사소통 통로를 만들어보자. 이 책을 같이 읽고 함께 이야기를 나눠볼 수도 있을 것이다(이렇게 쓰고 있기는 하지만 사실 대부분의 부모는 아이와 관계가 돈독하고 많은 것을 베푸는 조부모를 원할 것이다). 일단 버릇 잡기 기법이 견고하게 자리를 잡고 효과를 발휘하면 조부모의 응석 받아주기는 점차 미약해질 것이다. 그러나 그럴 때에도 조부모에게 사랑을 표현하는 다른 방식, 일테면 관심을 가져주고 함께 게임을 즐기고 값비싼 선물은 덜 사주는 방식을 제안할 수 있을 것이다.

21
부모 자신의 버릇을 잡아라

가야 할 방향으로 아이를 이끌려면 가끔은 부모가 먼저 그 길을 가봐야 한다.
조쉬 빌링스 Josh Billings

하루는 유명한 다크로스트 커피 가게에서 주문한 커피를 기다리고 있는데, 한 아빠가 어린 자녀 셋을 데리고 늦은 오후 간식을 먹으러 왔다. 아이들에게 먹고 싶은 것을 빨리 정하라며 재촉하기도 하고 달래기도 하는 모습이 눈에 확 띄었다. 아이들은 한참을 망설이고 주저하다가 결국 만장일치로 핫 초콜릿 큰 컵으로 정했다. 그런데 이 아빠는 아이들에게 음료수는 작은 컵으로 하고 각자 후식도 한 가지씩만 먹으라고 말했다. 계산원이 음식값으로 25달러를 부르자 이 아빠가 나를 보더니 눈알을 굴리며 말했다.

"이럴 땐 어떻게 해야 하죠?"

그러곤 마치 연극이라도 하듯 과장되게 말을 이었다.

"제 커피 한 잔만 주문하고 애들한테는 아무것도 먹을 수 없다고 말할까요?"

나는 빙긋 웃으며 고개를 끄덕였다. 농담이 아니다. 나는 정말로 그곳에서 그렇게 했다.

적당한 예가 아닐지도 모른다. 정확히 말하면, 아이들이 무엇을 먹었는지 이야기하려는 게 아니니 말이다. 하지만 모두 연관된 얘기다. 사실 내 관심을 끈 것은 그 아빠와 그의 커피였다. 오늘날에는 많은 부모가 아이들만큼이나 스스로에게 너그러워지고 싶은 유혹을 받는다. 값비싼 커피를 마시기 위해 줄을 서서 기다리고 병에 든 생수를 사 먹는다. 이런 것들은 그저 작은 물질에 불과하다. 그들은 비용이나 연료 따위는 생각하지도 않고 액세서리가 달린 자동차를 구입하고 거실에 어울릴 사치품을 사들인다. 오성급 호텔에서 보내는 휴가는 말할 것도 없다. 계획은 없어도 더 크고 더 좋은 리모델링한 집에서 사는 환상을 품고 있다. 이런 예를 들자면 끝도 없을 것이다.

비합리적이고 가차 없는 요구로 부모를 정신없게 만드는 아이들이 그 부모가 즉각적인 욕구 충족을 어른들 방식으로 추구하는 모습을 지켜보고 있다. 부모는 필요한 것이나 원하는 것이 생기면 곧바로 자동차에 뛰어들어 쇼핑몰로 가고 아이들은 꼬리표처럼 따라다닌다. 혹은 곧바로 컴퓨터 앞으로 달려가—결코 빠르지 않은 컴퓨터로—다음 날 아침이면 배송될 물건을 구매한다. 만약 페덱스가 한 시간 만에 배송해주는 서비스를 제공한다면 사람들은 기꺼이 대가를 지불할 것이다.

저 파란색 그릇이 아니면 먹지 않겠다, 저 시리얼이 아니면 먹지 않겠다, 까다로운 요구로 부모를 미치게 만드는 아이들이 제 부모가 이 와인, 저 맥주, 꼭 봐야 할 영화를 위해 자동차를 타고 몇 킬로미터를 달리는 모습을 지켜보고 있다. 배고파 죽겠네, 목말라 죽겠네, 소리를 질러대며 부모를 정신없게 만드는 아이들이 제 부모가 멀지 않은 곳에 볼일을 보러 가기 위해 혹은 무유당 우유 2퍼센트와 유기농 갈색 설탕 한 스푼이 들어간 이국적인 커피 음료를 마시기 위해 굳이 자동차를 타고 달려가는 모습을 지켜보고 있다. 끊임없이 뭔가를 사달라고 졸라대 부모를 미치게 만드는 아이들이 제 부모가 원하고 꿈꾸는 물건을 입에 달고 사는 모습을 지켜보고 있다. 그 모든 행동으로 부모를 미치게 만드는 아이들이 제 부모의 똑같은 행동을 지켜보고 있다.

많은 부모들은 이런 유형에 속하지 않는다. 게다가 이렇게 하는 게 부모들만의 잘못이 아니라는 것도 알고 있다. 나 역시 좋아하는 커피와 좋아하는 음악이 있다. 부모들은 지나치게 유혹적인, 지나치게 선택으로 가득한, 지나치게 풍요로운 세상의 희생양이 되어버렸다.

기업의 탐욕과 그 수제자인 광고가 절대 수그러들지 않는 북동풍처럼 우리를 향해 몰아치고 있다. 나는 지금 어른들의 경험과 감수성을 통해 오늘날 우리 아이들이 어떤 현실에 처해 있는지 부모가 먼저 경각심을 가져야 한다는 이야기를 하고 있는 것이다.

그렇다면 우리 부모들은 무엇을 할 수 있을까? 외딴섬으로 이사라도 할까? 현실적인 방안이 아니다. 타임머신을 뒤로 돌릴까? 그동안 읽은 책들로 미루어보건대 오히려 타임머신이 되돌아와야 할 것이다. 〈고인

돌 가족 플린스톤)의 아내 윌마 플린스톤도 최신 유행 패션을 갈망했고 남편 프레드 플린스톤도 최신형 자동차를 원했다. 그냥 현재 상황에 입각해 가능한 한 최선을 다해 꾸준히 노력하는 것 말고는 다른 방도가 없을 것이다. 그렇게 양육 거울을 들여다보며 우리의 가정생활을 돌이켜보는 것이다. 아이의 응석을 덜 받아주는 노력이 아직 늦지 않았듯 부모 자신의 응석을 덜 받아주는 것도 아직 늦지 않았다. 스스로 모범을 보이기 위한 노력도 아직 늦지 않았다.

자신을 부정하라거나 홀로 기업과 자본을 향한 자기희생적인 전쟁을 수행하라는 말이 아니다(물론 그런 압박에 맞서 저항하고자 하는 노력은 존경할 만하고 가치 있는 행동이다). 내가 하고 싶은 이야기는 부모들이 자신의 행동을 끊임없이 염두에 두어야 한다는 것이다.

부모와 자녀에 관한 명언은 수도 없이 많지만 그중에서도 앨버트 슈바이처가 매우 좋은 말을 했다.

"어른이 아이들을 가르치는 세 가지 중요한 방법이 있다. 첫째도 모범을 통해서, 둘째도 모범을 통해서, 셋째도 모범을 통해서다."

어린 아이들은 부모를 몹시 사랑하는 만큼 모든 문제와 삶에서 일어나는 갖가지 일에 관한 답을 부모에게서 구하고자 한다. 많은 이들이 부모의 양육 관련 언행이나 아이를 잘 키우고자 하는 의도적인 노력보다 부모가 직접 보여주는 모범이 아이들에게 훨씬 더 큰 영향을 미친다고 믿는다.

그리고 어쩌면 우리 부모가 아이들에게 가장 큰 영향을 미치는 것은 애호하는 커피를 마시는 것이 아니라 하루 종일 어마어마한 양의 쇼핑을 하거나 쇼핑을 계획하고자 하는 충동, 소비하고자 하는 충동일 것이다. 하루 종일 이런 말을 들으며 자라는 아이도 있다.

"엄마는 오늘 할인 행사에 가야 해."

"나중에 엄마한테 알려줘야 해. 우린 오늘 그걸 꼭 사야 하거든."

"오늘 오후엔 쇼핑몰에서 그걸 꼭 사고 말 거야."

쇼핑이 직업처럼 되어버린 사람도 있다.

또한 우리 아이들은 어떤 소리를 듣고 자랄까? 부모가 갖고 있는 것, 아직 갖지 못한 것, 혹은 갖고 싶은 것에 대해 불평하는 소리를 듣는다. 이런 본보기가 어떻게 아이들에게 고스란히 영향을 미치지 않을 수 있겠는가?

이웃을 따라잡는 것 역시 부모들이 직면하는 주요 압박 중 하나다. 이미지를 유지하기 위해 노력하고 돈을 쓸 때 우리는 은연중 다른 가치관과 생활 방식을 포기하는 결정을 내린다. 삶의 길을 다른 방향으로 틀려면 일정한 용기가 필요하다. 그러나 그 길이 자신과 자녀, 자신의 양육을 위해 필요한 길이라면 자유를 안겨줄 수도 있다.

신용카드를 잘라내고 가정에서 필요한 모든 음식을 직접 재배해 먹으라고 권하는 것이 아니다. 정도의 문제라는 게 있다. 부모는 소비주의를 조금 더 누그러뜨리고 사회의 광포한 물질만능주의로부터 아이들을 지킬 수 있다. 축소와 삭감이 반드시 이분법적 양자택일일 필요는 없다. 하루나 이틀 정도 스스로의 모습을 관찰하고 자신이 주로 어떤 것을 사들이는지, 어떤 이야기를 주로 하는지 알아보자. 자신의 삶을 지켜본 결과 어떤 생각이 떠오르는지, 어떤 모습으로 비치는지 충분히 생각해보자. 그 생각을 어떻게 활용해 무엇을 할지는 자신이 가장 잘 알 것이다.

> 자신의 불만족에 대해 제대로 이해하면 아이에게나 버릇 잡기에나 도움이 될 수 있지만 무엇보다 자신이 더욱 행복해질 수 있다.

단지 아이나 버릇 잡기만을 위해서 자신의 소비와 소비주의를 줄이려는 게 아니라면 시작할 수 있는 방법은 훨씬 많으며 아이를 참여시킬 기회도 많다. 부모가 먼저 그렇게 살고 아이는 자연스럽게 그 뒤를 따르도록 하는 조용한 방법을 쓸 수도 있다. 또는 좀 더 의식적으로 아이와 함께 부모가 지닌 믿음과 그동안의 생활방식을 어떻게 바꿔나갈지에 대해 토론을 벌일 수도 있다. 물론 이때 토론은 아이의 연령에 적합한 방식이 되어야 할 것이다. 물이 오염되고 태양이 다 타버리고 오존층이 사라지고 있다는 식의 이야기는 아이들을 두려움에 빠뜨릴 수도 있다(이런 문제에 관해 아이들과 어떻게 이야기를 나눌지 모르겠다면 과학과 자연에 관한 아동용 잡지를 살펴보는 것도 좋다).

> 많은 소비자들이 자신을 쇼핑 중독자라고 말한다. 그만큼 쇼핑을 중단하거나 줄이는 게 어려울 수 있지만 나름대로 가치 있는 일이라는 뜻을 내포한다. 그걸 극복하기 위해서는 정말 많은 노력을 해야 한다. 삭감은 빠른 시일 안에 저절로 일어나지 않는다.

집 안의 모든 물건을 한 번 훑어보자. 보관해두려면 더 큰 지하실과 다락방이 필요한 그런 물건들 말이다. 아이의 도움을 받아 물건을 분류해보자. 다른 사람이 사용할 수 있는 것들은 양도하라. 쓸 만한 것들은 재활용하라. 오래된 물건 중에서 새로운 쓰임새를 찾아내라. 또 새로 생긴 믿음 덕분에 쇼핑과 물건 구매 습관이 어떻게 바뀔 것인지에 대해서도 설명해줘라. 쇼핑에 대한 대안으로 정원 손질이나 물건 만들기, 요리 등 창조성을 발휘하면서 개인 시간을 바칠 수 있는 열정적이고 모험적이며 건강한 활동의 기회를 아이에게 보여주자.

22
자급자족을 장려하라

우리는 아이들에게 해결할 문제보다 외워야 할 정답을 주는 경우가 너무 많다.
로저 르윈 Roger Lewin

버릇없는 자녀와 씨름하는 부모 중에는 아이가 학교나 유치원에서 모범생이라는 교사의 말을 듣고 화들짝 놀랄 때가 많다. 유치원을 찾아갔을 때에도 어린 자녀가 자기 스스로 장난감을 줍고, 매트를 돌돌 말아 정리하고, 놀이방과 개인 물품도 잘 정돈하는 모습을 보고 제 눈을 의심한다.

"집에서는 절대 저렇게 하지 않아요. 저를 위해서는 단 한 번도 저런 적이 없는걸요."

그러면 교사는 이렇게 대답한다.

"여기서는 달리 선택의 여지가 없기 때문입니다. 선생님들이 그렇게 하기를 기대하니까요."

이 '기대'라는 말에 좋은 생각이 담겨 있다.

아이들은 배우는 것을 몹시 좋아하고 자기 스스로 뭔가를 하는 것을 무척 좋아하게끔 태어난다. 반면 부모는 이런 아이들의 자율적인 추진력을 억누르고 꺼버리기 위해 최선을 다하는 데 매우 능수능란하다.

우리는 어린 아이들이 믿고 살아가는 건강한 신조, 즉 '나 혼자서도 할 수 있어'를 마치 지구상에 남은 마지막 식물처럼 소중하게 길러야 한다. 그런데 우리는 바위와 모래에 물을 주느라 바쁘다. 어디서부터 잘못된 걸까? 독립을 향한 아이의 열망에 찬사를 보내놓고 왜 곧장 퇴행시키고 마는 걸까?

어쩌면 부모들은 아직 그게 무슨 뜻인지 완벽하게 이해하지 못했을 수도 있다. 어린 아이가 스스로 손을 씻거나 옷을 입거나 저녁 식탁에 바르게 앉는 모습을 보면 귀엽고 사랑스럽다. 그러나 이런 행동에는 그 이상의 것이 담겨 있다. 이는 아이가 더욱 유능해지고 자신의 힘과 능력을 신뢰하며 성장하는 기나긴 과정이 시작되었다는 뜻이다. 아이가 자신을 믿고 거기에 따르는 책임감을 받아들인다면, 자신감과 탄력성을 배양하는 데 큰 도움이 된다. 그러니 어찌 좋지 않겠는가?

지금은 어른이 된 내 딸의 어렸을 때 일이 생생하게 생각난다. 해도 뜨기 전인 이른 새벽이었다. 나는 부엌에서 들려오는 소란스러운 소리의 정체를 확인하려고 침대를 빠져나왔다.

계단을 내려가 보니 부엌에 불이 켜져 있었다. 두 살짜리 딸 한나가 분명 뭔가를 하고 있는 것 같았다. 입구에서 살짝 엿보니 한나가 하늘색 잠옷을 입고 있는 게 보였다. 커다란 나무의자를 싱크대 앞으로 끌고 가 그 위에 올라섰다. 나는 조용히 숨을 죽이고 놀라운 마음으로 한나가 싱크대 위로 기어 올라간 다음 수납장 맨 위로 손을 뻗어 자기가 좋아하는 통조림 간식을 끌어내리는 모습을 지켜보았다.

"뭐하니?"

가엾은 한나는 의자를 내려오던 중 내 목소리에 화들짝 놀라 바닥으로 떨어질 뻔했다.

와우! 겨우 두 살짜리가 혼자서 어두운 복도를 지나 부엌까지 내려온 것도 모자라 홀로 무거운 의자를 옮기고 그 위로 올라가 한밤의 간식을 향해 손을 뻗을 수 있다니! 아이를 이런 모험으로 이끈 그 진취성과 체력과 문제 해결 능력 등을 한 번 생각해보라(탄수화물을 향한 사랑은 말할 것도 없고). 아이는 이 모든 것을 혼자서 해냈다. 물론 이런 일이 정기적이고 위험한 행동으로 발전했다면 나로서는 당연히 못하게 했을 것이다. 하지만 그러지 않았다.

이제 이 시나리오를 전형적인 가정의 전형적인 십대의 시나리오와 비교해보자. 한 십대 아이가 온몸을 담요로 둘둘 말고 소파에 누워 있다. 토요일 오후, 이제 막 잠에서 깨어났다. 아이 엄마는 새벽부터 일어나 벌써 주말에 해야 할 집안일을 마치고 혼자서 시장까지 봐왔다.

"엄마, 리모컨 좀 집어줘."

건강하고 힘도 센 열다섯 살짜리 남자아이가 담요 밑으로 힘없이 손을 뻗어 30센티미터쯤 떨어진 탁자 위에 놓인 리모컨을 가리킨다. 엄마는 들고 있던 장바구니를 내려놓고 부엌에서 거실까지 걸어와 아들에게 리모컨을 집어준다.

"리모컨은 네가 집어도 되는 거 아니야? 바로 옆에 있잖아. 엄마는 장 본 것 정리하느라 바빠."

"너무 너무 너무 춥단 말이야."

엄마는 다시 부엌으로 돌아간다.

"엄마, 우유 한 잔만 갖다 줘."

엄마는 어쩜 저렇게 게으를 수 있나, 하는 표정으로 아들을 바라보다 곧 냉장고로 간다. 그리고 우유 한 잔을 따라 아들에게 가져다준다.

"샌드위치도 갖다 주면 안 돼?"

아들은 담요 밑에서 살짝 엄마를 내다보며 덧붙인다.

"응?"

마치 네 살짜리처럼 말한다.

이런 시나리오는 어느 집 거실에서나 일어나고 끊임없이 반복된다.

"엄마가 왜 너한테 우유를 갖다 줘야 하니? 정말 이해가 안 되는구나. 바로 네 옆에 있잖아. 게다가 엄마는 장 봐온 것 정리하느라 바쁘단 말이야."

정말이지 이해가 안 된다. 그런데도 우리는 여전히 아이에게 리모컨과 우유와 샌드위치를 가져다준다.

약간의 논리를 적용해보자. 거의 모든 부모가 알고 있고 타인의 자녀나 가정에 대해 기꺼이 사용하는 그런 논리 말이다. 두 살짜리 아이도 많은 일을 해낼 수 있는데 왜 다섯 살이나 아홉 살, 열여섯 살짜리 아이

한테 어른의 시중이 필요하단 말인가? 아이를 위해 지나치게 많은 것을 해주고, 단 일초도 기다리지 않게 해주고, 아이가 시키는 것이라면 뭐든 해주는 것은 모두 다 형태만 다를 뿐 버릇 망치기다. 물론 바쁜 부모로서는 능력 밖의 일일 수도 있음을 잘 안다.

그러나 아이가 안전하면서도 성공적으로 점점 더 많은 일을 스스로 할 수 있게 배우는 환경을 조성하는 것이 중요하다. 간단한 예로, 아이가 스스로 손을 씻거나 세수를 하고 싶어 한다면 튼튼하고 안전한 아동용 발판을 구하라. 또 스스로 밥을 떠먹고 싶어 하는 어린 아이의 바람에도 역시 비슷한 지지를 보내주어야 한다. 아이가 참기 힘들 정도로 주변을 어지럽히면서 밥을 먹는다면, 청소할 거리가 많이 늘어나지 않는 조건에서 아이 스스로 밥을 먹을 수 있는 방법을 찾아내라. 아이가 성장할수록 스스로 하고 싶어 하는 다른 일이 생길 것이다(물론 스스로 청소하는 일은 포함되지 않겠지만 말이다). 부모가 감당할 수 있는 한도 내에서 아이가 스스로 하고 싶은 일을 할 수 있도록 도와줄 방도를 찾아내라. 아이가 자급자족을 향한 충동을 실행에 옮길 수 있도록 도와주려면 시간도 걸리고 노력과 인내심도 필요하겠지만 이는 충분히 가치 있는 일이다.

버릇 망치기를 방지하고자 하는 과정에서 아이가 충분히 할 수 있는 일도 못하겠다고 말한다면, 우선 부모 자신의 감각을 믿어라. 아이가 관심과 보살핌을 더욱 필요로 한다면 베풀어라. 그러나 아이가 지나치게 응석을 부리거나 다정한 보살핌을 너무 많이 받고 있다고 느낀다면, 잠시 뒤로 물러나 아이가 무엇을 할 수 있는지에 대한 기대치를 분명하게 보여주어라.

아이가 아기처럼 군다면 화를 내거나 그런 행동을 비난하기보다 다정하고 부드럽게 좀 더 성숙한 행동을 하도록 유도하라. "엄마가 접시와 칼을 가져올 테니까 너는 땅콩버터를 가져오렴. 그러면 우리 둘이 함께 점심을 만들어 먹을 수 있을 거야."

예를 들어, 아이가 신발장에서 장화를 찾아와서는 신겨달라고 고함을 질러댄다면 부모는 이렇게 말할 수 있을 것이다.

"네가 장화를 직접 신으면 곧장 공원에 갈 거야. 엄마는 여기서 기다리고 있을게. 네가 준비를 끝내면 나가자."

아이가 몇 살이든 아이를 위해 지금 하고 있는 일이 짜증스럽거나 화가 난다면 이는 부모가 지나치게 해주고 있다는 신호일 수 있다.

부모는 지지와 보호를 책임지면서 동시에 아이가 특히 교사와 다른 어른들에 관해 스스로를 변호할 수 있도록 권한을 주는 식으로 균형을 맞춰야 한다. 부모가 이런 균형을 이루려면 세밀하게 지켜봐야 하고 귀를 기울여야 하며 시행착오를 겪어야 한다. 어린 아이들은 큰 문제에 대해서는 더 많은 도움을 필요로 한다. 심지어 1, 2학년밖에 안 된 아이들도 교사와 함께 자신을 옹호하는 법을 배운다. 즉 아이는 직접 우유를 가져다 먹는 것보다 훨씬 더 크고 깊은 방식으로 일상생활에서 저절로 나타나는 제 운명의 책임을 받아들인다는 뜻이다. 자신에 대해 잘

살피고 스스로의 권리를 주장할 줄 아는 아이는 살아갈 준비를 제대로 갖추었다고 할 수 있다.

"엄마가 선생님께 전화를 걸어줄까, 아니면 네가 직접 말씀드릴래?"

부모가 이렇게 물어보면 아이는 자신이 존중받는다고 느끼며 고마워하기도 한다. 이런 간단한 질문이 타당하지 않거나 쓸모없는 연령대란 거의 존재하지 않는다. 아이 대신 학교와 교사를 상대로 불만을 늘어놓는 부모는 이제 그만 그런 짓을 멈추고 자신의 행동이 아이에게 어떤 영향을 미치고 있는지 생각해봐야 한다. 교사와 원만한 관계를 맺는 법을 배울 수 있는 아이는 앞으로 교육 과정과 미래의 직장 생활에서 큰 도움이 될 중요한 삶의 교훈을 얻게 될 것이다.

오래전 우리 부부는 고등학교 2학년 학생을 베이비시터로 고용한 적이 있다. 여학생이 요구한 시간당 9달러의 보수는 당시로서는 꽤 높은 금액이었다. 한 달 후, 여학생의 엄마가 편지를 보내왔다. 동네의 다른 여학생들처럼 13달러는 받았어야 했다고 주장하는 가슴 아픈 편지였다. 내 생각에 이 엄마는 자신의 딸에게 손해가 되는 행동을 했다.

"이건 네 일이니까 스스로 해결해라."

우리 세대가 청소년이었을 때 부모들이라면 대부분 이렇게 말했을 것이다.

물론 아이를 강인하고 자립적으로 기를 수 있는 방법은 많다. 신중하게 생각해 부모 스스로 문제 해결의 훌륭한 본보기가 될 수 있다. 감정 때문에 그동안의 노력이 헛되지 않도록 분노를 다스리고 감정을 가라

앉히는 법을 자녀에게 보여줄 수도 있다. 또 아이가 다른 사람에게 하고 싶은 말을 함께 계획해볼 수도 있고 같이 연습해볼 수도 있다. 요컨대 부모는 아이가 자립심을 통해 삶의 고충을 해결해나가도록 도울 수 있다. 또한 아이가 원하거나 필요로 할 때 언제나 다가가 도와줄 것이라는 사실을 알려줄 수도 있다.

아이들이 자신의 문제를 스스로 해결하도록 하면 평생 도움이 되는 탄력성을 얻게 될 것이다.

23

개선의 여지를 만들어라

아이들은 부모를 사랑한다. 그리고 나이가 들면서 부모를 판단한다.
때로는 부모를 용서하기도 한다.
오스카 와일드 Oscar Wilde

다들 이런 말을 들어봤을 것이다.

- "미안해요."
- "정말 미안해요."
- "정말 죄송해요."
- "정말 정말 정말 미안~." (사랑스러우면서 시무룩한 강아지 표정을 지으며.)
- "미안하다고 말해."
- "샐리 이모한테 가서 미안하다고 말해."
- "마음 상하게 해서 죄송해요, 샐리 이모." (들리지 않는 목소리로 중얼거리듯이, 혹은 노래하듯이, 혹은 시속 120킬로미터의 속도로.)

아이에게 미안하다고 말하게 하는 것은 쉬울 수도 있고 왠지 주춤해질 수도 있다. 어떤 아이는 미안하다는 말을 하지 않겠다고 완강하게 버티기도 한다. 이럴 경우 부모가 맞서 싸우는 게 과연 가치 있는 일인지에 대해서는 나 역시 확고한 의견을 갖고 있지 않다. 아이는 괜히 빈말로 사과하는 법만 배울 수 있다. 놀이터에서 싸움을 벌인 남자아이들을 생각해보라. 두 아이는 불구대천의 원수가 되어 어른들이 시키는 대로 행동한다.

"미안."

"미안."

악수한다.

"안녕, 잘 가."

그리고 모두가 행복해한다.

화해를 하고 예의를 지키는 것이야 당연히 문제가 없겠지만 아이들로 하여금 유감스러운 감정에 제대로 대응하도록 도와주고 적절한 개선의 행동을 취하는 좀 더 중요한 임무는 외면하고 있다. 이 문제가 걱정스러운 이유는 아이들이 자신은 대다수 사람이 상호작용을 이끌어가는 기준에 맞게 참고 살아갈 필요가 없다고 생각할 수 있기 때문이다. **아이들이 자신의 행동을 후회할 필요도 없고 개선을 위해 실질적인 노력을 할 필요도 없다고 생각한다면 그것이야말로 제멋대로 버릇을 망친 경우다.** 극단적일 때는 다른 사람의 상처 받은 감정 자체를 짜증스러워하거나 화를 낼 수도 있다.

제대로 미안해할 줄 아는 아이로 키우는 가장 좋은 방법 중 하나는 아이가 어렸을 때 진심으로 느끼는 가책을 유심히 지켜보고 귀를 기울이고 어루만져주는 것이다. 예를 들어, 어린 아이가 우유를 엎질러서 서투른 손놀림으로 닦으려 한다면 가만히 놔둬라. 아이가 조금 더 잘 치우는 법을 배우도록 도와주면 아이의 행동을 개선할 수 있을 것이다. 하지만 아이는 이제 겨우 유아일 뿐이다.

이와 반대로 다음의 세 가지 예를 생각해보자.

첫 번째 예에서 부모는 이렇게 말한다.

"저리 가. 안 그래도 충분히 어질렀어."

이 말을 아이는 이렇게 알아듣는다.

'나는 정말 나쁜 짓을 저질렀구나. 나는 정말 나쁜 아이구나. 우유도 제대로 못 따르고 치우는 것도 제대로 못해.'

두 번째 예에서 부모는 이렇게 말한다.

"아냐, 아냐. 엄마가 치울게. 네가 하니까 더 엉망이 되어버렸어."

아이는 첫 번째 예에서보다 더 심한 말을 들은 셈이다.

세 번째 예에서 부모는 이렇게 말한다.

"이제부터 우유는 엄마가 따라줄게."

아이는 이 말을 이렇게 알아듣는다.

'나는 우유도 못 따라. 나는 치우는 것도 못해. 나는 커서도 스스로 할 줄 아는 게 하나도 없을 거야. 내가 저지른 실수조차 내가 바로잡을 수 없다니, 정말 무서워.'

그렇다면 부모는 어떻게 해야 좋을까? 아이가 어지른 것은 아이가 치우게 놔둬라. 즉, 능력이 허락하는 한도 안에서 스스로 개선하도록 하라. 아이로 하여금 부모를 돕는 게 아니라 자기 자신을 돕게 하라. 실수를 바로잡고자 하는 아이의 마음을 알아주고 그 행동을 인정해줘라.

"네가 치우고 싶구나. 고마워!"

지금 우리는 아이에게 우유를 제대로 따르는 법이나 어질러진 것을 치우는 방법을 가르쳐주려는 게 아니다. 그런 것들은 사소한 교훈이다. 지금은 아이에게 가책을 느끼고 이를 교정하는 법을 가르칠 순간이다. 그렇게 하려면 아이가 스스로 어지른 것을 치우고 사태를 바로잡고자 하는 건강한 성향을 북돋워줘야 한다. 이것이야말로 모든 아이와 어른들에게 도움이 되는 훌륭한 삶의 기술이다.

무엇보다 아이가 미안한 마음을 전달할 수 있는 가장 자연스럽고 건설적인 방법은 일을 바로잡고 싶어 하는 바람을 느끼게 하는 것이다. 그러나 부모는 어린 아이들에게 개선의 여지를 거의 허락하지 않는다. 오히려 아이의 실수를 집중 조명하고 단순히 말로써 진심 어린 사과를 전달하는 쪽을 선호한다. 그러나 아이들은 자신의 실수를 바로잡고 자신에 대한 타인의 관점과 본인의 관점을 회복해야 할 깊은 필요성을 느낀다.

아이들은 자신이 저지른 일을 바로잡을 수 있을 때, 흠을 깨끗이 지우고 나쁜 감정을 해소하며 기적적인 탄력성을 얻게 된다. 실수는 바로잡을 수 있는 것이라고 배운다. 또한 관계 역시 바로잡을 수 있다는 더욱 심오한 진리도 배운다.

　엄마가 좋아하는 유리잔을 깨뜨린 아들이 새것으로 사주겠다고 하면 그렇게 하도록 하라(합리적인 한도 내에서 아이 돈으로 사게끔 하라). 신문에 케첩을 흘린 딸이 아빠가 제대로 읽을 수 있게 직접 닦고 싶어 한다면 그렇게 하도록 하라(신문을 읽을 수 있을 때까지 15분을 기다려야 할지라도 말이다). 이 정도의 소란과 기다림은 꽤 가치가 있다. 부모가 두통이나 몸살을 앓고 있는데 아이가 소란을 피워 깼다면 "이미 늦었어. 잠이 다 달아나버렸어" 같은 말로 엄마가 편히 보내길 바라는 아이의 진심 어린 바람을 묵살하지 말라. 아침에는 비록 부모의 잠을 방해했지만 남은 시간이라도 조용히 하면서 부모의 잠을 보충해주고자 하는 아이의 노력을 그대로 허락하라.

　아이가 화가 나서 부모에게 버릇없는 말을 했다면 진심이 아니었다고 말하도록 놔두어라. 그리고 아이가 나름의 개선을 위해 부모에게 다정하고 예의바르게 군다면 그렇게 하도록 놔두어라.

많은 아이들이 자신의 잘못이나 비행에 대한 반응으로 홍수 같은 수치심을 경험한다. 이런 수치심 때문에 스스로 더 깊은 수렁에 빠지기도 한다. 아이가 문제를 일으켰거나 다른 사람의 감정을 상하게 했다면 이런 악순환의 늪에서 빠져나올 방법을 가르쳐줘라. 부모가 어떻게 하는지 직접 보여줘라.

　아이에게 미안하다고 말하는 법, 개선하는 법을 가르쳐주는 적절한 방법은 다양하다. 아이가 내면에서 느끼는 방식, 아이가 아는 가책과 후

회, 그게 무엇이든 자신이 판단한 방식으로 바로잡고자 하는 바람, 이런 것들이 적절한 방법이다. 진심으로 미안해하고 개선하고자 하는 마음은 아이가 자라는 동안, 부모가 길러주고 향상시켜주어야 한다. 아이의 진심 어린 사과 능력이 부모의 존중과 감사하는 마음으로 충족된다면 이는 인정과 승인의 가장 강력한 신호이다. 이를 통해 아이들은 실수를 포함한 삶의 모든 것을 받아들이는 자신의 능력을 확신할 수 있다. 아이가 가책을 느끼고 그걸 표현할 수 있도록 도와주는 몇 가지 방법을 소개한다.

아이의 마음을 알아줘라

아이의 경험을 이해하려고 노력하라. 예를 들어, 양심의 가책을 잘 드러내지 않는 아이들은 스스로 나쁜 일이라고 인식하는 일을 할 때마다 엄청난 수치심에 노출되기 쉽다. 나쁘다, 수치스럽다는 느낌이 너무도 압도적이어서 나쁜 감정을 느끼고 개선할 단계를 밟을 수 없다. "넌 대체 뭐가 문제니? 방금 여동생을 속상하게 해놓고서 신경조차 쓰지 않는구나!" 하고 소리를 지르거나 남의 감정을 헤아릴 줄 모른다고 비난하기보다 아이 역시 나쁜 감정을 느끼고 있다고 생각하라. 그런 비난은 아이가 듣기에 지나치리만큼 부담스러우며 자신을 위해서나 여동생을 위해서나 더 많은 것을 느끼는 데 아무런 도움도 되지 않는다.

자신의 감정을 말로 표현할 수 있게 도와라

양심의 가책에 대해 문제를 겪고 있는 아이 중에는 요즘 유행하는 말로 '감성 지능'이 낮은 경우가 있다. 그래서 다른 사람에게 상처를 입히는 행동을 하게 되면 당황해서 어찌할 바를 모른다. 그럴 경우 부모는 "엄마가 너한테 화를 낼까봐 걱정되니?", "어떻게 해야 할지 몰라서 혼란스럽니?", "여동생을 속상하게 해서 미안한 네 마음을 어떻게 보여줄 수 있는지 함께 알아볼까?" 같은 질문을 할 수 있다.

아이의 레퍼토리를 확장할 수 있게 도와라

아이가 다른 사람에게 상처를 주었을 때 어떻게 해결할 수 있는지 부모가 스스로 본보기를 보여줘라. 사람들이 실수와 잘못에 어떻게 대처하는지 아이가 배워나갈 수 있도록 실생활에서 기회를 마련해주자.

완벽주의자가 되지 않도록 도와라

완벽하고자 하는 아이들은 아주 사소한 실수에도 크나큰 자기혐오나 낙담으로 반응하기 쉬워 공격적이고 도발적인 말이나 행동을 쏟아낼 수 있다. 이런 아이에게 삶은 원래 굴곡으로 가득하지만 얼마든지 극복하고 개선할 수 있다는 사실을 말로 혹은 부모 자신의 경험담으로 알려줘라. 아직 미숙하고 어색하고 허물투성이일지라도 개선을 향한 아이의 노력과 시도에 주목하라. 아이는 유감스러워하며 자신만의 제한적인 방법으로나마 자기 말이나 행동에 대해 뭔가 대처하려 노력하고 있다.

본보기를 보여라

부모 중에도 미안하다고 말하거나 개선을 도모하는 데 서툰 사람이 있다. 아이들도 이것을 알고 있다. 어떤 면에서 부모의 본보기는 강력한 스승 역할을 할 수 있다. 부모가 아이의 감정을 다치게 했다면 그것을 인정하라. 부모가 다른 가족에게 입힌 상처를 인정하고 책임지는 모습을 아이에게 보여줘라. 우리는 자신의 행동에 책임을 지고 진정한 후회를 표현할 줄 알며 진심 어린 개선을 도모하는 어른의 모범이 되고 있는가? 그렇게 다시 새로운 모습을 향해 나아가는가, 아니면 끊임없이 사과하고 자신의 잘못을 완화시키려 하는가? 일부 완벽주의자 부모들은 조금이라도 덜 이상적인 모습을 참지 못해 언제나 자신이 미숙하다고 느낀다. 그래서 아이에게 지나친 보상을 하는 경우가 많다. 실수와 인간관계는 얼마든지 개선할 수 있으며 그것을 통해 더욱 강해질 수 있다는 실질적인 본보기가 되고 있는가?

> 지나치게 너그러운 양육에 대해 미안함과 후회, 죄책감을 가져야 한다. 그리고 이를 버릇 잡기의 노력과 확신을 한층 강화하기 위한 연료로 사용하라.

24
협력하라

부모 노릇이란 바통을 넘겨주는 것과 같다.
그 바통을 누가 떨어뜨렸는지에 관해 평생 서로의 의견이 다르다.
로버트 브롤트 Robert Brault

두 사람의 마음이 잘 맞아 정말로 신 나게 양육을 하는 부부가 더러 있다. 이들은 같은 가치관과 기대치를 공유한다. 두 사람 모두 자녀를 잘 기르는 법을 가르쳐준 좋은 부모 밑에서 자랐다. 한 치의 실수도 없이 매끄럽게 비엔나 왈츠를 추는 사람처럼 마치 모든 스텝을 미리 안무로 짜고 리허설까지 마친 듯 함께, 나란히, 서로를 대신해가며 양육한다. 각자 상대방으로부터 지지를 받고 서로를 폄하한다는 느낌도 전혀 없다. 상대방의 양육을 직감적으로 돌봐주는 것처럼 보인다.

그러나 독자 여러분이나 나는 그리고 내가 아는 대부분의 사람도 이처럼 축복받은 '환상의 커플'은 아니다. W씨도, W 부인도 그렇지 못했다. 상담을 위해 함께 만날 때마다 늘 같은 모습이었다. 아내는 부끄러워하며 자신이 아이 버릇을 망쳤다고 인정했다.

"어쨌든 제가 껌을 사주었으니까요."

"저조차도 믿을 수 없지만 여전히 아이들을 시장에 데려갔어요."

"아이들이 그렇게 행동했는데도 저는 브라우니를 만들어줬어요."

아내가 고백할 때마다 남편은 못마땅한 얼굴로 눈알을 굴리고 고개를 가로저으며 이마를 문질러댔다.

남편은 이렇게 말했다.

"집사람은 이해를 못하고 있어요."

그리고 아내가 통제 불능 상태에 있는 아이들의 버릇을 더 이상 망치지 않도록 돕는 방향으로 함께 문제를 해결하기로 했다. 그러나 상담을 몇 차례 진행한 후, 더 크고 새로운 진실이 드러났다.

"애들이 그러고 있는데, 어떻게 당신은 가만히 있을 수가 있어요?"

아내가 눈에 띄게 화가 난 얼굴로 말했다. 남편은 바닥만 내려다보고 있었다.

"이제 나는 토요일 오후에 할 일이 생겨도 걱정 때문에 집을 나설 수 없는 거예요?"

아내는 눈물까지 흘리며, 집에 돌아와 보니 집 안이 믿을 수 없을 정도로 엉망이 되어 있었다는 이야기를 들려주었다. 소파 위에는 나초 치즈며, 케첩이며, 탄산음료가 잔뜩 묻어 있었다. 바닥에는 빈 음료수 깡통이 뒹굴고 식탁에는 본드가, 카펫에는 물감이 묻어 있었다.

"금요일에 대청소를 했었단 말이에요!"

"사내 녀석들이잖아."

남편이 소심하게 방어에 나섰다.

그러나 아내도 사내 녀석들에 대해서라면 잘 알고 있었다. 세 아들을 키우고, 남자 형제들과 함께 자랐다. 남자아이들의 호기심과 활력, 모험심에 관한 한 진짜 전문가였다. 그러나 그녀가 목격한 현장은 "사내 녀석들이 다 그렇지, 뭐" 하고 넘어갈 정도가 아니었다. 허클베리 핀이 사탄의 인형 처키Chucky를 만난 상황의 세 곱절은 될 만큼 강력했다.

"당신이 애들보다 더 나빠요!"

아내가 남편을 비난했다.

"그 녀석들하고 하루 종일 같이 있는 게 어떤 건지 당신이 어떻게 알아?"

남편이 무심코 말했다.

잠시 침묵과 긴장이 흐르더니 부부가 동시에 웃음을 터뜨렸다.

"집사람은 어떻게 하는지 모르겠어요. 전 정말이지 너무 힘들어요."

남편이 천장을 바라보며 말했다.

여성 잡지에서 말하는 촛불이니 공단 이불이니 하는 것들은 다 잊어라. 인간관계에서 상대방을 비난하는 것만큼 유혹적인 것도 없다. 버릇을 망치는 일에는 반드시 두 사람이 필요하다는 사실을 잊지 말라. 버릇을 잡는 일에도 역시 두 사람이 필요하다. 나는 좋은 부모이면서 버릇을 잡는 쪽이지만 배우자는 나쁜 부모이면서 버릇을 망치는 쪽이라는 생각에 속지 말라. 상황이 그렇게 단순하지는 않다. 대체로 양육과 보살핌을 더 많이 맡고 있는 부모가 지쳤을 경우 아이들의 응석을 받아주는 경향이 있다. 그러니 몇 주 동안 배우자가 어떻게 지내고 있는지 세심하게 지켜보기까지는 쉽게 상대방을 비난하지 않도록 조심하라.

사랑과 좋은 양육을 베풀다 보면 자연스럽게 버릇을 망치는 쪽으로 이어질 수 있다는 사실을 잊지 말라. 정말이다. 여러분은 아이를 사랑하는 만큼 아이의 버릇을 망치는 일도 없기를 바랄 것이다(그런 이유로 지금 이 책을 읽고 있을 것이다). 그러나 버릇을 잡는다고 사랑과 온정과 베품과 즐거움이 전혀 없는 가정에서 아이를 키우고 싶지는 않을 것이다.

세밀한 관찰과 솔직한 자기 평가를 통해 자신이 정말로 건강하게 아이의 버릇을 잡는 부모라는 생각이 든다면, 배우자를 그 버릇 잡기에 동참시키기 위해 가능한 한 모든 노력을 기울이고 싶을 것이다(여기서 '건강하게'라는 말을 쓴 것은 장점보다 우려할 점이 더 많은 엄격하고 즐거움도 없고 억누르는 식의 버릇 잡기와 비교하기 위해서다). 우리는 비난과 비판이 버릇 잡기에 성공하는 방법이 아니라는 것을 확실히 알고 있다. 그리고—굳이 말할 필요도 없지만—버릇 망치기와 버릇 코칭에 관한 법칙은 인종과 종교, 성별, 혼인 여부에 상관없이 모든 부모에게 똑같이 적용된다.

의견의 불일치를 해결하려면 긍정적인 태도를 갖고, 배우자의 견해를 받아들이고, 거울을 통해 자신을 바라보고, 올바른 방향에 대한 노력을 중시하고, 때로는 자신의 일부터 잘하도록 애써야 한다.

자신의 양육과 아이들에 관해 개인적으로 논의할 시간을 자주 가져라. 아이를 배우자와 더 큰 싸움을 하기 위한 수단으로 이용하지 않도록 조심하라. 본인이 트라우마를 안고 있거나 인정을 받지 못하고 자란 부모는 어떤 갈등을 겪고 있을 때 동조자를 필요로 하는 경우가 많다. 사실 이들은 아이가 주변에 있을 때에만 뭔가를 논의하고 싶어 한다. 그러나 아이를 동조자로 이용하면 아이들의 요구를 무시하거나 심리적으로 위험한 상태까지 내몰 수 있다.

배우자가 건강하지 못한 방식으로 아이의 응석을 받아주고 있다면 그 문제를 곧바로 표면화시키지 않도록 조심하라. 아이 앞에서 다툼을 벌이면 원하는 변화를 이뤄내지 못할 가능성이 높으며, 아이에게 스트레스와 혼란을 안겨줄 수 있다. 이는 어른들끼리 조정할 문제다.

> 이혼을 했거나 별거 중이라면 언쟁과 상처보다 아이의 행복과 버릇 잡기를 우선할 수 있도록 노력하라. 숭고함에 가까운 마음이 필요할지라도 그것이 아이에게는 가장 큰 사랑의 선물이다.

물론 좌절감을 느낄 수도 있다. 그러나 우리의 인내심은 기초가 잘 잡혀 있고 칭송받을 만하다. 양육에서 몹시 다급한 순간은 그리 많지 않다. 한 번 더 응석을 받아줬다고 해서 아이에게 큰 해를 입히지는 않는다. 응석을 받아주고 버릇을 망치는 것은 수천 번의 순간이 모여 이루어지는 장기적인 과정이다. 그러므로 아이를 당장 위험에서 구출해

줄 필요는 없다. 나중에 부모 스스로 안정이 되면 배우자와 대화를 나눌 조건을 마련하라. 자신이 느끼는 좌절감을 배우자와 공유하라.

"당신도 나만큼 우리 아이를 많이 사랑한다는 것 알아. 모든 면에서 당신은 참 좋은 부모야. 그리고 나는 제이미 앞에서 당신과 싸우고 싶지도 않고 당신을 비난하고 싶지도 않아. 하지만 내 마음을 어떻게 전달해야 당신이 이해해줄지는 정말 모르겠어."

그러나 어떻게 이야기해야 좋을지는 당사자가 가장 잘 알고 있을 것이다.

아이들은 행복하지 못한 결혼생활의 쉽고도 지속적인 기분 전환 대상이 될 수 있다. 이는 아이들에게 부담만 줄 뿐이며 분쟁만 지속시킬 뿐이다. 결혼생활과 배우자를 돌보는 것은 아이들을 위한 사랑의 행위이기도 하다. 만약 혼자서 개선할 여지가 없다면 전문가를 찾아가거나 존 가트맨John Gottman 같은 심리학자가 쓴 인간관계에 대한 자기 계발서 (《행복한 부부 이혼하는 부부 The Seven Principles for Making Marriage Work》)를 읽어보라.

25

감사하는 마음을 주고받아라

감사하는 마음은 기억이 이성이 아닌 가슴속에 저장될 때 생긴다.
라이어넬 햄프턴 Lionel Hampton

"왜 넌 조금도 감사할 줄 모르는……."

이런 말들은 그냥 키보드로 치고 있는 동안에도 어쩌면 이렇게 유창하고 만족스럽게 나오는지 모르겠다. 다들 그렇게 느낄 것이다. 부모는 자녀를 몹시 사랑해서 매우 많은 것을 주기 때문에 아이들이 감사하는 마음을 보여주기 위해 할 수 있는 일이 거의 없다. 그러나 이는 감정의 문제다.

아이들이 그런 식으로 감사를 표현해야 할 이유는 없다. 아이들이 우리에게 뭔가를 빚지고 있는 것도 아니다. 우리에게는 아이들이 있다. 아이들이 잘 자라는 게 우리에게 보상이 되고, 아이들 역시 제 자식이 잘 자라는 게 보상이 될 것이다.

그럼에도 불구하고 질문을 던지고 싶다. 아이들이 자신의 삶에서 그 어떤 것에도 감사할 줄 모르거나 감사하는 마음을 표현하지 않는 것처럼 보일 때 부모는 어떻게 해야 할까?

이 질문은 또 다른 질문, 더 깊이 있는 질문을 불러일으킨다. 기질과 성격이라는 이유를 떠나서 감사할 줄 모르는 아이들을 만들어내는 원인은 무엇일까?

뭐든 받고 또 받는 아이들은 덜 고마워한다. 모든 것을 당연하게 받아들인다. 그들은 이렇게 생각한다.

'어제는 나한테 이 세상을 모두 사주었을지 모르지만 최근에는 날 위해 무엇을 해주었죠?'

그러면 부모는 이렇게 대답한다.

"모르겠구나. 혹시 금성을 파는지 알아보자."

나는 많은 것에 감사하는 어른이다. 아내도 나와 같다. 아내와 나의 어린 시절은 무척 달랐다. 아내가 부유한 롱아일랜드에서 자랐고, 내가 보스턴 외곽의 노동자 계층 지역에서 자랐다는 사실은 별로 중요하지 않다. 우리는 함께 궁금해한 적이 있다. 왜 우리는 우리가 가진 것들을 행운으로 여기고 감사하게 되었을까? 우리가 찾아낸 유일한 답은 아내와 나 둘 모두 엄청나게 많은 것을 받지는 않았다는 사실이다. 그것만큼 자신이 받은 것을 감사하게 여기도록 만드는 것도 없다.

아침과 점심을 건너뛰면 저녁 식사는 꿀맛일 수밖에 없다. 1년 동안 꼬박 용돈을 모아 야구 글러브를 샀다면 집으로 돌아올 때 운동장에 그걸 놓고 오는 일은 절대 없을 것이다. 하지만 크리스마스나 설날에 선물을 한 트럭 받았다면? 아마 무슨 선물을 받았는지 기억조차 못할 것이다. 아니, 어쩌면 벌써부터 새로운 선물 목록 작성에 들어갔을지도 모르겠다.

일상적으로 진심 어린 감사의 마음을 표현하지 않는 아이들은 자기 부모나 다른 사람들에게 이제 그만 좀 달라고 말하는 것과 같다. 그 메시지를 마음에 새기자.

물론 우리는 과거로 돌아갈 수 없다. 그게 가능하더라도 과연 좋은 일인지 확신이 서질 않는다. 우리 아이들은 물론 우리 자신도 사악하고 통제 불가능한 소비주의 사회의 희생자이다. 그러나 그 모든 것에 저항하고, 기업주의에 반대하고, 옆집의 소비를 따라잡지 않으려고 노력하는 것은 몹시 힘든 도전이다.

어떻게 해야 아이들에게 1달러의 가치를 알도록 가르칠 수 있을까? 일단 부모의 출퇴근용 신발값보다 여섯 배나 비싼 운동화를 사주지 말라. 값비싼 메뉴에 대해 자유로운 선택권을 절대 주지 말라. 특히 자기가 주문한 것을 먹지 않을 때에는 더더욱. 월급 같은 형태의 용돈을 주지 말라. 용돈에 맞게 살게끔 하라. 너무 많은 것을 사주지 말라. 일주일 동안 아이들에게 얼마나 많은 것을 사주었는지 — 장난감, 옷, 노래 파일, 간식 등 — 관심을 갖고 체크하라(아마 부모가 같은 나이였을 때 받았던 것의 최소 열 배는 될 것이다).

부모가 아이들에게 감사를 표현하는 보편적인 예의범절을 가르쳐주는 것 역시 합리적이다. 예의범절은 아이가 세상을 살아가는 데 도움이 된다. 아이가 뭔가를 무례하게 혹은 불손한 태도로 받았다면 그 물건을 도로 회수하라. 이런 보편적인 상황에서는 사과도, 설명도 필요 없다. 아이가 용돈을 받으면서 얼굴을 찡그리거나 싹수없는 말을 하거나 '용돈이라고 인색하게 겨우 5달러밖에 안 주는군' 하는 태도를 보이면 보통 부모들은 어떻게 하는가? 분노하고 어이없어하고 무시당했다고 느낀다. 대체 용돈이 다 무슨 소용인가 생각하며, 아이를 외면한다.

그러나 이제부터는 이렇게 해보자.

차분하게 용돈을 도로 회수하며 "네가 용돈을 이렇게 하찮게 생각하다니 정말 유감이구나"라고 말하라. 다음 주에는 상황이 나아질 거라는 희망을 품고 그 돈을 다시 지갑에 넣어라. 용돈은 이미 정해진 것이라고 누가 말했는가? 아이들을 가르치는 데 용돈을 요긴하게 활용하면 안 된다고 누가 그랬는가? 아이들이 친구나 친척에게 선물을 받을 때에도 같은 원칙을 적용할 수 있다.

아이가 감사를 표현하기를 원한다면 부모가 먼저 모범을 보여라.

우리는 아이들을 위해 모든 것을 해줄 수 있는데, 부모로서 약간의 긍정과 조금의 따뜻한 말을 기대하는 게 잘못인가? 절대 그렇지 않다. 사소한 일에서 힘을 얻는 법을 배워라. 과거 무법자였던 아들이 말쑥한 시민으로 거듭나는 과정에서 보여주는 걸음마에 주목하라. 딸이 도움을 필요로 하는 이웃을 도와줄 때는 자랑스럽게 생각하라(비록 어쩌다가 베푼 친절일지라도). 아이가 시끌벅적한 놀이를 제쳐두고 자발적으로 식탁을 차리겠다고 나서면 미소로 화답하라. 이 모든 일을 축하하고 변화의 공을 자신에게 돌려라. 잘했어, 버릇 잡기 선수!

이따금씩 깨달음의 순간이 찾아올 것이다. 아이가 착하고 철이 든 모습을 보여주는 깜짝 놀랄 만한 성장의 순간이 통과 의례처럼 찾아올 것이다. 심지어 감사의 징후도 보일 수 있다.

그러나 대부분의 부모에게 진심 어린 감사는 훨씬 늦게 찾아온다. 아이가 다 커서 자기 가정을 꾸렸을 때다. 그때가 되면 부모가 해준 일에 진심으로 감사하고 귀히 여길 줄 아는 착하고 점잖은 성인을 보게 될 것이다.

26

부모의 권리를 주장하라

미국에 대해 가장 인상적인 점은 부모가 자식에게 복종하는 모습이다.
에드워드 8세

'버릇 코칭' 하면 보통 아이의 관점에서 생각하게 된다. 사실 오늘날의 부모는 무엇이든 아이들 관점에서 생각한다. 부모에 대해서는 어떤가? 이는 단지 부모 자신을 위해서가 아니라 아이들을 위해서도 생각해볼 문제다. 부모로서의 권리를 기대하지도 요구하지도 않는다면, 부메랑처럼 결국 부모와 아이 모두의 권리를 박탈당할 수 있다.

  부모가 권위와 존경을 주장하지 않는다면 아이에게 그 어떤 권위와도 제대로 어울리지 못하는 법을 가르쳐주는 셈이다. 특히 어머니가 아들에게 존경심을 요구하지 않거나 아들의 혹독한 대우를 참아내기만 한다면 아이는 여성, 특히 자신과 가까운 여성을 학대하는 청소년, 나아가 그런 어른으로 자랄 위험에 처할 수도 있다. 이런 일의 본보기가 되거나 혹은 도전 정신 결핍으로 그런 행위를 암암리에 인정하는 아버지들 역시 이런 결과의 원인 제공자가 될 수 있다. 아버지를 존경하지 않도록 가르치는 어머니 역시 마찬가지다.

> 부모가 자신의 배우자를 배척하기 위해 자녀에게 모든 시간과 관심을 쏟아 붓는다면, 인간관계와 어른으로 성장하는 것에 대해 아이들에게 무엇을 가르쳐주게 될까?

부모는 자신이 한 일에 대해 인정을 받을 자격이 있다. 그러니 자신을 함부로 밟고 지나가도 되는 발 깔개 취급을 하지 않도록 하라. 물론 아이에게 억지로 감사를 강요할 수는 없다. 그러나 불과 한 시간 전 모진 말로 부모 마음을 갈가리 찢어놓은 아이가 친구와 영화를 보러간다고 나설 때 자동차로 태워다주지 않을 수는 있다. 십대 청소년 자녀와 겪어야 하는 소용돌이를 나 역시 이해한다. 강인한 사랑이나 거절 전략을 쓰라고 제안하는 것은 아니다. 그런 전투를 벌이면 부모가 지기 십상이다. 내가 제안하는 것은 그보다 더 섬세한 전략이다. 엘리너 루스벨트의 말을 빌리면 "당신의 동의 없이는 그 누구도 당신에게 열등감을 느끼도록 만들 수 없다." 부모에게는 필연적인 결과라는 게 있다. 어른 스스로 자신을 높이 세우지 않으면 자아 존중감에 대해 아이들에게 무엇을 전달할 수 있겠는가?

부모도 아이를 배제한 개인적 시간과 공간을 누릴 자격이 있다. 제 부모의 공간과 물건을 마음대로 쥐락펴락하는 아이들 이야기를 늘 듣는다. 엄마 지갑을 제 것처럼 여기는 아이들을 본다. 아이 없이 부부끼

리만 침대에 있는 순간이 단 한 차례도 없는 부모도 있다. 아이가 부모 삶의 모든 면에 쉽게 접근할 수 있도록 허락한다면, 아이 역시 부모가 자신을 배제한 상태에서 뭔가를 경험하고 인간관계를 맺는다는 생각 자체를 참을 수 없게 된다. 접근 권한과 통제권을 더 많이 줄수록 아이들은 더 많이 요구하고 만족할 줄을 모른다. 이런 아이들의 요구는 불안감과 초조한 절박감을 먹고 자란다. 마치 제 부모를 타인과 공유하거나 어떤 식으로든 부모와의 접촉이 차단되면 자신이 사랑받지 못하고 있거나 타인이 부모의 사랑을 가로채고 있는 것처럼 느낀다.

부모는 아이들뿐만 아니라 배우자와 자기 자신도 몹시 사랑하고 아낄 자격이 있다. 부모가 사랑이 깃든 좋은 관계를 일구는 모습을 지켜보는 것은 아이들에게도 건강하고 좋은 일이다. 완벽한 아이 중심이 가정을 지배한다면 결혼생활에 긴장과 스트레스를 안겨줄 수 있다. 엄마에게도 아빠에게도 사랑과 관심이 필요하다.

여러분은 부모로서 양육에 관한 자신의 판단을 신뢰할 자격이 있다. 물론 아이들에게 동등한 투표권을 주는 가정민주주의도 있다. 그러나 언제 어디서나 의미가 있는 것은 아니다. 아이가 가정을 운영한다면 저녁으로 무엇을 먹게 될지, 학교에 안 가고 무엇을 할지 한 번 상상해보라(오, 여러분을 당황시킬 생각은 아니었다. 오늘 저녁으로 뜨거운 퍼지를 얹은 아이스크림을 먹게 될 줄은 나도 몰랐다).

부모도 아이 외에 다른 관심사를 가질 자격이 있다. 물론 안타깝게도 직장일과 사회생활, 여행과 건강, 다이어트 등으로 아이들을 위해 쓸 시간과 에너지가 거의 없는 가족도 있다. 이는 완전히 별개의 문제다. 내가 말하는 것은 자신의 자유로운 순간을 낱낱이 아이의 행복과 풍요를 위해 바치느라 정작 자신을 위한 중요한 것들을 단념하고 사는 부모들이다.

부모는 가족을 위해서나 개인을 위해서나 무언가를 결정할 때 자신이 원하는 것을 고려할 자격이 있다. 왜 아이들이 매번 식당이나 영화나 읽을 책을 골라야 하는가? 여기서 요점은 '매번'이다. 부모가 자신의 진정한 요구나 소망을 말하지도 따르지도 않는 모습을 지켜보는 아이가 어떤 원치 않는 교훈을 챙길지 상상할 수 있겠는가?

거의 마지막이자 가장 중요한 점은 부모는 자신과 아이들로부터 용서를 받을 자격이 있다는 것이다. 어쩔 수 없었던 우울과 불안의 순간들에 대해, 실수와 과오에 대해, 아이들과 아이들의 행동을 용서할 수 있게 만든 모든 인간적인 조건에 대해 용서를 받을 수 있다. 부모로서의 불완전함에 대해서도 역시 이해와 인정을 받을 자격이 있다. 부모가 자기를 인정하는 모습은 아이들에게는 선물이다. 아이들은 그 모습을 보고 자신을 더욱 인정할 수 있는 어른이자 부모로 성장할 수 있다.

> 오늘날의 사회에서는 리더십이 무척 중요하다. 좋은 지도자를 따를 수 있도록 배우는 것은 적어도 지도자가 되는 것과 똑같은 하나의 기술이다. 이를 아이들에게도 가르쳐줘라.

27

박수갈채를 받아라

아이가 자라는 모습을 지켜보다 보면 죽을 것만 같다.
그러나 아이가 자라지 않는다면 더 빨리 죽을 것만 같을 것이다.
바버라 킹솔버 Barbara Kingsolver

자, 결국은 해냈다. 지금쯤 여러분의 아이는 여러분이 바라던 모습에 한 층 가까워져 있을 것이다. 거울을 들여다보면 여러분의 모습도 그동안 원했던 부모와 조금은 더 비슷해 보일 것이다.

이제 나의 작은 비밀을 눈치챘을 것이다. 사실 버릇 코칭 같은 것은 존재하지 않는다. 그런 단어도 없다. 그렇다고 화를 내지는 말라. 독자 여러분에게 해를 끼치려고 책략을 쓴 것은 아니다. 내 마음은 선의로 가득하다.

이 책 첫 장에서 단순한 진실을 들려주었다면, 독자 여러분은 내 말과 방법론에 귀도 기울이지 않았을 것이다. 정말로 아이의 버릇을 잡을 수 있다는 사실을 믿어주지도 않았을 것이다.

버릇 코칭이란 버릇 망치기가 사라진 상태와 다르지 않다. 버릇을 망치며 보낸 지난 몇 달 혹은 몇 년을 없던 일로 돌릴 필요는 없다. 그냥 지금 당장 버릇 망치기를 멈추면 된다. 그 정도는 일거리도 아니라는 얘기가 아니다.

아이들은 희망적으로 자라도록 타고났다. 때로는 부모에 대해서나 자기 자신에 대해서나 포기해버린 것처럼 말을 해도 실제로는 거의 그렇지 않다. 아이들은 언제나 자신이 원하고 필요로 하는 양육을, 한계와 기대치를 정하고 버릇 망치기를 반대하는 양육을 찾고 있다.

부모는 변화하기 위해 열심히 노력한다. 이를 가장 잘 알아줄 사람은 다름 아닌 바로 자녀다. 그러니 계속하라. 부모와 아이 모두가 변화할 수 있도록, 더 잘할 수 있도록, 더 나아질 수 있도록 하라. 그리고 과거의 실수는 흘려보내라. 더 이상 자신을 아이의 버릇을 망치는 부모로 여기지 말라.

물론 양육에 대해(그리고 버릇 망치기에 대해) 이 책에서 다루지 못한 내용이 아주 많다. 메시지를 크고 뚜렷하게, 그러면서도 짧고 달콤하게 전달하고 싶은 마음 때문이었다. 중요한 점은 여러분도 할 수 있다는 것을 스스로 깨닫는 것이다. 아이의 버릇을 바로잡을 수 있다면 부모는 그 어떤 일도 다 할 수 있다. 정말이다.

살아갈수록 후회할 일은 더 많이 생길 것이다. 그러나 약속하건대—진심으로 약속할 수 있다—아이의 버릇 코칭을 후회하지는 않을 것이다.

루돌프 드레이커스Rudolf Dreikurs가 말했듯이 "우리는 삶으로부터 아이들을 보호할 수는 없다. 그러므로 반드시 삶에 맞설 준비를 시켜주어야 한다." 그게 바로 부모인 우리가 하고 있는 일이고, 가장 잘할 수 있는 일이다.

> 자신에게서 새로 발견한 힘과 확신, 창조성을 양육과 삶의 다른 측면에도 망설임 없이 적용하라.

우리 아이 버릇 코칭

1판 1쇄 인쇄 2012년 9월 21일
1판 1쇄 발행 2012년 9월 28일

지은이 리처드 브롬필드
옮긴이 이주혜

발행인 양원석
총편집인 이헌상
편집장 박선영
책임편집 김소연
전산편집 김미선
해외저작권 정주이
제작 문태일, 김수진
영업마케팅 김경만, 임충진, 곽희은, 주상우, 장현기,
　　　　　　이수민, 김혜연, 임우열, 송기현, 우지연

펴낸 곳 ㈜알에이치코리아
주소 서울시 금천구 가산동 345-90 한라시그마밸리 20층
편집문의 02-6443-8853 **구입문의** 02-6443-8838
홈페이지 www.randombooks.co.kr
등록 2004년 1월 15일 제2-3726호

ISBN 978-89-225-4824-1 (13590)

※ 이 책은 ㈜알에이치코리아가 저작권자와의 계약에 따라 발행한 것이므로
　본사의 서면 허락 없이는 어떠한 형태나 수단으로도 이 책의 내용을 이용하지 못합니다.

※ 잘못된 책은 구입하신 서점에서 바꾸어 드립니다.

※ 책값은 뒤표지에 있습니다.

RHK 는 랜덤하우스코리아의 새 이름입니다.